本书受到云南省哲学社会科学学术著作出版专项经费资助

我国创业的资源基础与社会扶持研究

何翠香 著

中国社会科学出版社

图书在版编目（CIP）数据

我国创业的资源基础与社会扶持研究／何翠香著 . —北京：中国社会
科学出版社，2017.12

ISBN 978-7-5203-1724-5

Ⅰ.①我… Ⅱ.①何… Ⅲ.①创业—研究—中国 Ⅳ.①F249.214

中国版本图书馆 CIP 数据核字（2017）第 308456 号

出 版 人	赵剑英
责任编辑	王莎莎
责任校对	张爱华
责任印制	张雪娇

出　　版	中国社会科学出版社
社　　址	北京鼓楼西大街甲 158 号
邮　　编	100720
网　　址	http：// www.csspw.cn
发 行 部	010－84083685
门 市 部	010－84029450
经　　销	新华书店及其他书店

印　　刷	北京君升印刷有限公司
装　　订	廊坊市广阳区广增装订厂
版　　次	2017 年 12 月第 1 版
印　　次	2017 年 12 月第 1 次印刷

开　　本	710×1000　1/16
印　　张	13
插　　页	2
字　　数	205 千字
定　　价	58.00 元

凡购买中国社会科学出版社图书，如有质量问题请与本社营销中心联系调换
电话:010－84083683

目　录

第一章 绪论

一 选题背景

目前，有大量的研究文献表明，创业对改善就业、促进地区经济发展有积极的影响。美国国家创业指导基金会（NFTE）发起人史蒂夫·马里奥蒂（Steve Mariotti）曾指出，相对于提供工作、更多福利和政府无效支出等措施，创业是更有效的摆脱地区经济困境的一项社会事业。创业活动的发展在推动和促进国家或地区的技术进步、提高经济增长质量等方面具有积极的作用（周冬梅，2011）。我国传统的经济增长是以劳动密集型生产方式拉动，而近年来随着人口红利的逐渐消失，传统的经济增长方式已不再适应经济发展的新要求。在经济转型过程中产生的大量的转轨就业人员、农村转移人口，以及近年来高校扩招带来的青年就业，为当前我国经济改革提出了巨大的挑战，而鼓励创业和自主择业被视为解决当前经济社会问题的有效举措。通过创业创新诞生了大量的民营企业，这些企业创造了大量的就业岗位，吸纳了大批待就业人员，随着民营企业的不断壮大，在创造价值的同时也带动了我国经济的快速发展。据统计，2012 年，我国私营企业和个体工商户吸纳的就业人员达到13200 万人，解决了 35.6% 的城镇人口就业问题，比国有企业和集体企业吸纳就业率高出 15%（蔡栋梁等，2015）。截至 2015 年，非公经济企业的数量已达到市场主体的 90%，并创造了高于 60% 的国内生产总值，对税收的贡献率超过 50%，对就业的贡献率超过 80%，在新增就业中，非公经济的贡献率更是达到 90%。① 由此可见，非公经济在拉动就业和促进经济增长方面的

---

① 资料来源：http://news.hexun.com/2015 - 12 - 25/181415089.html，访问日期：2016 年 1 月 10日。

作用正在逐年加强。

创业过程就是创业者通过战略导向、发现并把握机会，搜寻、获取、调动资源，并将资源运用到创业活动中来。资源不仅包括创业资本、还包括人力资本（主要是指创业者和创业团队）、管理资源、技术资源、信息资源、环境资源等。在这个过程中，如何摆脱创业过程中的资源短缺，如何更有效地整合外部资源，实现组织内外部资源的有效互动机制是创业成功的关键（周思伟，2010）。一定的资源为企业战略制定和实施提供了保障，从而为新企业的成长奠定了良好的基础，因此，创业资源对创业组织成长具有重要的支持作用。然而，由于创业个体或者企业的资源禀赋的局限性，通过各种途径获取创业所需的核心资源便成为创业成功的关键。为了鼓励创业，国家和各级政府制定了许多具有针对性的创业扶持政策，金融机构、社会组织等部门为积极配合国家的创业政策也纷纷出台了各项优惠措施，这些国家政策与相关的金融政策一起构成促进创业的政策体系，为不同类型的创业者给予政策、环境、资金、税收等方面的扶持和优惠。因此，在这一背景下，本书基于我国创业资源条件，从创业资源基础和社会扶持两方面对我国创业问题进行研究。在梳理创业相关理论和文献的基础上，重新构建了创业资源分类体系，并选取影响创业的几个关键因素进行实证分析，通过理论和实证相结合的方法，深入剖析资源基础对我国创业的影响机制，以期在发掘新问题的同时丰富创业研究的框架并把握其发展趋势。

二　研究意义与目的

（一）研究意义

从现实角度讲，在全球经济增速放缓的背景下，创业活动已经成为改善就业和带动经济发展的新引擎。创业研究受到了全球各国政府部门、企业界和学术界的密切关注和积极投入。就中国而言，如何摆脱经济困境，如何克服经济结构缺陷的制约是当前政府面临的重大问题。越来越多的学者认识到，以创业带动就业进来促进经济发展是解决中国经济问题的有效举措。随着创业相关政策的大力推行，我国正在掀起"大众创业、万众创新"的新一轮创业浪潮，群众的创业热情不断被激发，创业者规模日渐增大。在这一背景下，本书基于创业资源基础和社会扶持视角，研究资源与创业之间的内在作用机制，总结我国创业的特定规律，无疑对指导我国创业实践以更好地促进经济发展并适应"新常态"模式具有重要的现实意义。

从理论角度讲，学术界对创业的研究由来已久，目前创业的研究领域主要分为两个方面：一方面是探索创业过程中创业与影响因素之间以及各因素之间的内在逻辑和作用方式；另一方面是创新创业理论，并对新理论进行验证。基于以上两个方面，学术界产生了大量关于创业的相关理论与文献。但创业是一个复杂的现象，由于时间、空间的变化，创业现象和创业者行为可能会产生差异性的变化，因此仍然需要开展一些基础性的工作来丰富创业研究。本书从我国创业的发展历程及现状入手，基于创业研究的相关理论和文献，从资源基础和社会扶持两个角度，采用理论和实证结合的方法深入研究我国创业与影响因素之间的内在逻辑关系与作用机制，以期更好地把握我国创业活动背后的主要机理，并为今后深入挖掘我国创业问题积累研究素材。

（二）研究目的

创业作为一种普遍的社会经济现象是经济发展的根本推动力（林强等，2001）。创业者通过创业活动重新组合各种生产要素，把生产要素和资源引向新的用途转化成具有更高价值的形式，在这个过程中增加了社会财富并促进了社会发展。创业的重要性引发了学者们对于创业问题的深入讨论。

本书在梳理归纳总结已有的理论文献的基础上，深入研究我国创业资源和社会扶持政策对创业的影响。研究主要目的是：

（1）通过梳理已有的创业理论，分析概述我国创业的发展历程及现状，指出创业对于经济发展的重要性，突出创业资源基础性地位和对创业的重要支撑作用。

（2）整理和归纳已有的创业资源分类理论，对这些分类标准进行总结和评述，并在已有文献基础上重新构建创业资源分类体系，从创业者的角度，探讨哪些资源可以为创业者所用，而哪些资源可以通过与外部组织沟通获取。

（3）运用中国家庭金融调查的微观数据，选取财富资源、社会网络资源和人力资源等影响创业的关键因素，实证研究我国创业资源对创业活动的影响，分析创业资源的基础作用及对创业的影响机制。

（4）从政府层面、金融机构层面、企业（基金）层面，以及社会其他层面梳理当前我国创业扶持政策体系，并在此基础上提出具有针对性的政策与建议。以期为创业者提供可参阅的创业政策信息，并为政府部门制定创业政策提供一定的理论参考。

三 研究内容与结构安排

（一）研究内容

1. 本书首先介绍我国创业历程和现状，然后通过阐述创业对经济社会发展的重要作用，逐步过渡到本书的理论基础研究。本书分别从创业机会理论、创业周期理论、资源基础理论、资源依赖理论阐述当前已有的创业理论，并从财富资源、社会网络资源和人力资源三个方面综述相关文献，为接下来的研究奠定理论基础。为突出创业资源的重要性，本书在梳理归纳已有的创业资源分类理论基础上，对创业资源划分提出具有创新性和实践性的分类依据。按照创业主体是否控制资源将创业资源划分为可控资源和共享资源两大类，其中可控资源包括财富资源、社会网络资源和人力资源；共享资源涉及整个社会对创业资源的供给，如果要扩大共享资源量，实质上是要增加社会扶持，也就是说，共享资源包括社会扶持政策和环境资源。

2. 使用中国家庭金融调查数据（CHFS 2011），选取财富资源、社会网络资源和人力资源的代理变量，实证研究创业资源对创业的影响，选取以上三个变量进行研究是基于以下思考：第一，资金是企业发展的血液，是企业生存和发展的基础，影响着企业生产经营的整个过程。在创业过程中存在最低资金门槛，由于存在金融约束，创业不能通过外部融资获得足够的创业资金，此时财富资源将成为影响创业行为选择的重要因素之一。大量的文献研究证明，存在流动性约束的情况下，财富资源对创业有重要影响，基于这样的现实和理论背景，有必要对新形势下财富资源对创业的影响进行再次研究，另外，本书还重点考察了住房这一重要的财富资源指标对创业的影响，以期在验证已有结论的同时丰富创业研究内容。考虑住房这一变量是基于如下的思考，当今中国，住房已经成为家庭资产的重要组成部分，住房不仅可以为创业提供生产经营场所，还可以通过财富效应、替代效应和挤出效应对创业产生重要影响。因此，本书分别选取家庭资产总额、金融资产和房产代表财富资源的代理变量研究其对创业的作用机制。第二，社会网络是建立在信任和合作基础上的关系组织，是社会关系的表现。社会网络对识别创业机会、缓解信贷约束和获取外部资源具有重要的积极作用。通过社会网络，创业者可以获取一定的创业资源，因此社会网络对创业的影响是研究创业问题不可忽视的重要视角，有必要运用新方法、新数据对社会网络资源对创业的影响机制进行深入讨论。第三，在创业过程中，资源价值的发挥离不开"人"这一重要因素，人力资源对创业的影响更加不容忽视。人才是推动创业健康发展的力量源泉（关晓丽，2014）。人力资源通过影响创业机会识别、创业企业绩效，以及社会资本等成为现代企业可持续发展的关键，因此，人力资源对创业的影响受到越来越多研究者的重视。值得注意的是，在实证分析中，变量之间存在的内生性可能会造成模型估计出现偏差，为避免这一问题，本书在选取恰当的工具变量之后，运用工具变量法实证研究创业因素对创业的影响机制。

3. 在理论分析和实证研究之后，本书进一步总结和归纳了我国对创业的社会扶持政策，主要包括政府层面、银行等金融机构层面、企业层面及社会其他层面，通过这样的分层方式详细分析了我国对大学生创业群体、农民工创业群体、小微企业及特殊群体的创业扶持政策，为这些群体了解创业信息、选择创业扶持政策提供可参阅的文本指南。在此基础上，参考《欧洲创业绿皮书报告》中的政策研究框架，从个体、政府及社会三个维度提出相应的政策建议以促进创业活动的开展，从而实现创业带动就业，进而促进我国经济持续、稳定、健康地发展。

（二）结构安排

本书结构安排如下：

第一章为绪论，介绍本书的选题背景、研究意义和目的、研究内容和方法，以及存在的难点、可能的创新点和不足之处。

第二章为理论基础和文献综述，梳理关于创业研究的相关理论和文献，从创业机会理论、创业周期理论、资源基础理论、资源拼凑理论和资源依赖理论等方面介绍创业的理论文献，同时从财富资源、社会网络资源和人力资源等方面梳理相关文献，为本书展开论述奠定理论基石。

第三章为创业概述，阐述创业的基本概念、我国创业的发展历程和现状，以及创业的就业效应和社会效应。

第四章为创业资源分类理论的重构，对创业资源基础展开分层讨论，首先讨论创业资源基本概念，介绍国内外研究者对创业资源理论的研究，对这些研究文献进行梳理和归纳。其次，介绍创业资源划分依据，并依据本书发展脉络和研究目的，对我国创业资源进行重新构建，指出创业资源对创业的重要作用。

第五章为创业因素对创业影响的实证研究，本部分选取财富资源、社会网络资源和人力资源等变量，运用实证模型进一步验证各变量对创业的影响，由于创业与以上三因素之间可能存在内生性问题，本书将选取并运用恰当的工具变量实证研究创业因素对创业的影响机制。最后，综合分析三种资源对创业的影响。

第六章为创业的社会扶持，从政府、金融机构、企业和社会企业层面详细介绍了当前我国对大学生群体、农民工群体、小微企业和特殊群体的创业扶持政策。

第七章为创业的政策启示，从个人、政府、社会三个层面阐述创业促进就业进而拉动经济增长的创业政策体系，并提出促进"大众创业、万众创新"活动的政策建议。

本书的最后为全书总结和未来展望，提出本书研究的不足之处，以及未来需要深入研究的领域。

四　研究方法与逻辑框架图

（一）研究方法

本书拟将采用文献研究方法、归纳演绎研究方法和计量研究方法相结合的方式进行。

首先，运用文献研究方法检索分析已有相关理论和文献，尽可能收集国内外最前沿的研究成果，比较研究国内外关于创业的相关理论。

其次，运用归纳演绎研究方法探讨创业资源对创业的影响机制。

最后，建立切合我国创业状况的实证模型。运用计量研究方法探索创业因素与创业之间的影响机制。

（二）逻辑框架图

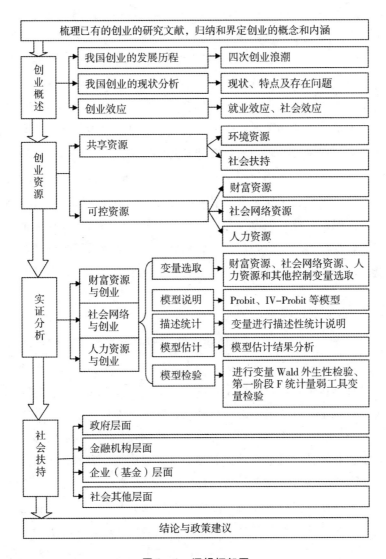

图 1-1　逻辑框架图

五 本书的难点、可能的创新点与不足之处

(一) 本书的难点

1. 本书的难点主要在于数据指标的选取,由于不同学者对创业研究的侧重点不同,为了贴合各自研究的目的,在创业概念的界定和创业指标的选取中也呈现出多样化的特点,因此,如何合理地选择代表创业的指标是本书研究中可能遇到的困难之一。

2. 变量之间内生性问题,如何选择恰当的计量经济学方法及工具变量以便合理地解决内生性问题,是本书研究中可能遇到的困难之二。

鉴于以上的困难和问题,本书将利用学校图书馆及网络等一切可利用的资源,搜集并梳理国内外已有的相关文献,借鉴已有的研究成果并结合本书的研究目标选择恰当的指标和计量研究方法。

在数据上,本书使用了西南财经大学 2011 年的中国家庭金融微观调查数据,该数据涵盖了家庭和个体的住房资产、金融财富、负债、收入、消费、社会保障、社会保险、代际的转移支付、人口特征、就业情况、支付习惯等数据内容。从微观层面上,全面、客观地反映了当前我国家庭金融、资产、就业等基本状况,为本书研究提供了可靠的数据支持。

(二) 可能的创新点

1. 实证研究上,本书通过构建实证模型对财富资源、社会网络资源和人力资源对创业影响进行验证。在实证过程中,本书分析并选择合适的工具变量对财富资源、社会网络、人力资源与创业的影响进行重新估计,以避免由于内生性可能造成的估计偏差,同时,深入考察了三种资源对创业的综合影响。从而更加客观和准确地反映创业资源对创业的影响,为进一步认识创业资源问题及推动创业相关研究提供了一定的借鉴作用。

2. 理论上,本书梳理了已有的创业理论和文献,在总结前人的创业理论和分类基础上,指出已有文献在创业资源分类上存在的逻辑错误和不足之处,并对创业资源分类理论进行重构,从而构建了一个更为系统和全面的创业资源体系分析框架。首先,该体系更加突出了创业资源的作用机制,便于对创业问题进行深入的研究。其次,该体系在逻辑上更具严密

性，从而能够满足实证研究中可操作性的要求。最后，该体系明确了创业者、政府、社会在创业过程中各自的定位，特别明确了社会扶持在创业资源中的定位和作用，从而上升到政府政策层面时更加具有针对性。因此，这一分类体系不仅便于对创业问题进行深入的研究，同时具有重要的理论意义和实践意义。

3. 研究视角上，本书从资源基础和社会扶持角度对创业进行研究。创业是经济发展的原动力之一，是中国民营企业、民营经济发展壮大的源泉。创业也是与创新密切联系在一起的，创业的过程往往也是创新的过程，创业更是解决就业问题的有效举措。在当前中央推动的"大众创业、万众创新"的浪潮之下，创业又有着特别重要的现实意义。而本书从微观层面和宏观政策体系分别对我国创业的资源基础与社会扶持进行了深入分析，以新的视角来探讨当前中国创业的理论与实践问题，既注重从微观视角来探讨宏观问题，又把创业的微观行为上升到宏观经济层面与政府政策的层面，因而对创业问题有着更加深刻的认识和把握。因此，本书在研究视角上有所创新。

总体而言，本书的研究内容是在已有创业理论及文献综述的基础上，对创业资源分类理论体系进行了重构后而得出的，是对已有理论的检验和创新发展，并丰富和补充了当前对创业相关理论的研究。

（三）不足之处

1. 本书在结合已有创业理论及文献的基础上，通过建立计量经济模型来验证创业资源对创业的影响机制，但是该方法并不能真实再现生活中资源获取对创业的影响机制。同时，在实证研究的过程中也存在一些不足和需要进一步完善的地方，如截面数据解释的局限性。

2. 本书仅对创业的可控资源与创业的影响进行了实证分析，而缺少社会扶持政策对创业的实证研究，因此，从实证角度进一步分析社会扶持政策对创业的影响将是本书作者后续需努力的方向。

第二章　理论基础与文献综述

关于创业的研究由来已久，在经历了不断革新和发展之后，创业研究也从最初的概念探讨发展到定量研究，再到现今的实验分析，研究层次不断提升（董保宝，2014），研究的内容也逐渐宽泛并不断推陈出新。但时至今日，创业理论的研究仍没有统一的范式和清晰的框架。合理和完善的理论研究框架是正确把握创业研究的基础。

一　创业理论研究

（一）创业机会理论

创业是创业者借助自身能力来捕捉创业机会，实现各种资源的创新组合，同时在承担风险的情况下创建新组织并创造价值的过程。这里的机会是指创业者可以利用的商业机会，是资源经过组合后传递出更高价值来满足市场需求的可能性。[①] 辛格（Singh，2001）认为相比于创业研究领域中关于"谁是创业者"的研究，创业机会更应该成为创业研究的核心问题。

尚恩和文卡塔拉曼（Shane and Venkataraman，2000）对创业机会进行了阐述，并提出应该从三个方面对创业机会展开研究：（1）为什么、何时及以何种方式存在创造商品和服务的机会；（2）在什么条件下使得有些人能发现和利用这些机会，他们是在何时、采用什么样的方式来发现和利用这些机会；（3）为什么要采用不同的行动模式来利用创业机会，这些创业机会应该在什么时候以及通过什么方式利用。蒂蒙斯（Timmons，

---

① 张玉利、李乾文：《创业导向、公司创业与价值创造》，南开大学出版社 2009 年版。

1999）认为，创业机会是创业过程的核心，创业就是由创业机会驱动的。同时，他指出创业机会来源于外部环境的变化，如技术进步、政府管制政策发生变化、国际化的发展等。由此可见，机会存在于经济活动之中，创业机会描述了在未精确定义的市场需求、资源未利用或未充分利用时的一系列经济现象，是创业者通过对资源的创造性组合来满足市场需求，进而带来超额价值的可能性。随着创业研究的逐渐深入，创业机会研究日益成为近年来创业研究领域的重要视角。

1. 创业机会的来源

熊彼特（Schumpeter，1934）指出，外部环境的变化会带来有价值的创业机会，这个变化改变着人们的做事方式，使人们做事的方式变得更具效率。此后的研究者秉承了这一的观点，并将创业的机会来源总结为技术变革、政治与体制变革、社会与人口变化。其中技术变革对创业机会的影响最为重要，其重要性就在于提高了人们做事的效率。而政治与体制变革使资源配置变得更有效率，从而能够使人们更有效率的开发商业创意。从人们对产品和服务的需求角度来讲，社会和人口的变化带来了新事物，从而产生创业机会。柯兹纳（Kirzner，1973）研究指出，市场上蕴含着大量的创业信息，这些信息被不同的创业者所掌握，产生差异性的信息集合。德鲁克（Drucker，1989）提出，创新是一种工具，这种工具被创业家所拥有并借助这一工具把各种变化开拓为创业机会，创业家需努力找寻事物中孕育的创新变化，也就是说，创业机会来源于事物的创新变化中。姚梅芳（2000）指出，创业机会不仅存在于产品市场，要素市场也会产生大量的创业机会。那些具有价值创造特性的机会主要来自从未利用的资源、技术、知识和能力之中。

创业机会源于经济环境的变化，如人口变化、社会发展趋势、统治阶级变化，以及微观层面上的消费者偏好等。社会经济环境变化中蕴含着商业机会，这种商业机会本质上就是创业机会。从内部环境角度来讲，在产业或企业发展中，往往会发生一些意想不到的事情，如一次成功或者失败的经历。这就为管理者提供了思考和分析的机会，从而发现新事物存在的可能和机会。另外，在产品生产和销售过程中，当产品价值与消费者偏好和预期发生偏差时，这就需要产业和企业内部人员审视内部运行机制和逻辑原理，发现其中蕴含的新机会，实现产业或企业的创新发展。从外部环境角度来讲，外部环境的变化也是创业机会的重要来源之一。产业与市场结构的变化、人口变动、观念转变，以及新知识等都是产生创业机会的来源。这些变化承载着大量的机会信息，如在宏观经济中出现的供需不平衡现象等都应该引起企业或产业管理者的重视，从经济事物的发展变化中发现机会并把握好这些机会便能实现事业上的创新。

2. 创业机会的识别

近年来，随着创业机会研究的逐渐深入，对创业机会识别问题的探讨逐渐成为研究领域的前沿问题，主要从以下几个方面展开：

（1）个体特质论视角。以柯兹纳（Kirzner）为代表的奥地利经济学派在反思新古典学派关于市场均衡分析理论后形成了创业机会理论。奥地利学派的代表人物米塞斯（Mises）指出，市场是一个创业驱动的过程，而创业者对盈利机会的发现推动了经济的均匀循环发展。哈耶克（Hayek）进一步补充了米塞斯的观点，强调市场竞争的本质是一个发现的过程，即市场参与者通过竞争相互获得更多的知识。柯兹纳（Kirzner，1973）在吸收以上观点之后发展了创业机会发现理论，市场上蕴含着大量的创业信息，这些信息被不同的创业者所掌握，产生差异性的信息集合。创业者掌握的信息资源越多，创业机会被识别出来的概率就越大。他认为创业者具有与众不同的、敏锐地发现市场机会的能力——敏感力。这种"敏感力"使个体能够观察到别人尚不能观察到的机会。吉拉德和凯什（Gilad and Kaish，1991）认为创业者的敏感力具有三个特点，即对信息的搜寻、高度关注信息来源、对新机会的风险线索予以高度关注。由于信息的不对称性，不同的人对资源的价值及转化潜力存在不同的评价和判断，如果创业者的评价和判断符合市场需求，则将将获取市场收益；反之，如果创业机会的评价和判断与市场需求存在偏差，则将遭受创业损失。因此，创业机会的发现和利用与创业者的识别和判断机会的能力有关。也就是说，虽然环境变化对创业机会产生重要影响，但个体的识别和预测能力对创业机会同样发挥着至关重要的作用，影响着创业机会开发和利用的方式和质量（Chandler and Hanks，1994）。巴伦（Baron，2004）认为，机会识别取决于个体的认知结构，这种认知结构形成于创业者以往的生活体验，个体的认知结构促使个体发现创业机会。沙拉斯瓦蒂

（Sarasvathy，2003）基于亚当·斯密（Adam Smith）的自由经济市场基本原理和阿罗－德布鲁（Arrow－Debru）的一般均衡理论，在提出了一系列假设条件①后指出，资源的配置和整合与个人能力共同影响着创业机会的识别。

（2）先前知识角度。一些学者从先前知识的角度来研究创业机会识别问题。哈耶克（Hayek，1945）对于知识分散的观点为先前知识论者提供了理论基础。西格里斯特（Sigrist，1999）运用定量与定性相结合的办法把先前知识分为兴趣知识和行业知识两类，研究得出先前知识对创业机会识别相关的结论。尚恩（Shane，2000）通过案例分析得出，先前有关客户、市场的知识，以及如何服务客户的知识都会对创业机会的识别产生积极影响。阿迪奇维力等（Ardichvili et al.，2003）指出有关市场的、服务市场的方式、顾客问题、特殊兴趣和总体行业四个维度的先前知识对创业机会识别是重要的。

（3）社会网络视角。对于创业者而言，创业机会的识别常常受限于其所嵌入的社会关系网络联结以及在关系网络中所掌握的信息冗余度（刘娟等，2014）。由于市场的不完备性，以及信息传播扩散的不均衡性，个体间建立的社会关系网络将会对创业机会的识别起到重要的传播作用。社会网络可以扩大知识边界，从而促进识别创业机会的可能（Simon，1976）。创业者在社会网络结构中不同的节点上扮演着各自的角色，他们通过交流、互动、交换，使信息流在这个关系网络中广泛传播，而这一复杂的社会关系网络为创业者创造了很好的机会识别平台。基于社会关系网络，创业者可以发现市场蕴含的商业信息，并通过社会关系网络获取创业资源，识别创业机会（Birley，1985）。希尔斯等（Hills et al.，1997）通过研究发现，企业家社会网络关系与投资想法密切相关，社会关系网络的扩大将有利于创业机会的识别。辛格（Singh，1998；2000）在讨论机会识别过程中发现，社会网络资源有利于创业者识别更多的机会。朱利思和瓦亨利（Julien and Vaghely，2001）认为创业机会识别需要社会网络。由

---

① 假设条件为：创业机会是客观存在的，识别机会的信息具有完备性和随机性的特点；创业者在系统化获取信息的能力上表现的相似性，决定了其识别创业机会的普遍性；在一定资源存在的情况下，创业者通过合理配置资源对识别的创业机会进行开发。

此可见，广泛的社会网络积极影响着创业者对创业机会的识别。

综上所述，个体特质、信息的特异性、先前知识、社会网络在创业机会识别过程中起着非常重要的作用。外部环境变化形成的信息量会因个体特质差异形成特异性的信息，个体对特异性信息的把握是机会识别的来源之一，个体通过学习和经验形成了知识框架被称为先前知识，先前知识也是影响创业机会识别的关键因素之一。社会网络是知识、机会传播的重要途径，广泛的社会网络有利于创业机会的识别。

3. 创业机会的开发

在企业形成的过程中，只有将识别的创业机会开发出来，才能将创业机会转化成切实可行的商业。创业机会开发是指潜在创业者识别了可开发的创业机会之后，通过全方位的生产和运作，提供具有商业价值的产品和服务，以实现创业机会价值的过程。埃克哈特和尚恩（Eckhardt and Shane，2003）指出，机会开发过程是创业者如何对将感知到的机会以一种未知的或未见的方法去产生一个结果的框架。

（1）创业者个体角度。创业者的风险偏好、对于开发有价值的机会期望以及个人能力决定了其是否将识别到的机会进行开发的可能。由于创业者在进行机会开发的过程中，不但要承担物质资本风险，还要承担人力资本风险。认识风险和化解风险便成为创业者在机会开发过程中首要面对的问题之一。通常而言，偏好风险的潜在创业者更倾向于选择开发具有高风险性的商业机会，而倾向于规避风险的潜在创业者更愿意远离风险而不进行机会开发。个人对风险偏好的态度影响着创业机会开发与否的决定（Khilstrom and Laffont，1979；Knight，1921；Keh et al.，2002）。马昆姝等（2010）指出，创业者风险感知对创业决策呈负向关系，不同的潜在创业者对不同机会的开发存在不同的价值预期，机会开发成本、机会开发收益、机会开发机会成本都是潜在创业者在进行机会开发之前需要谨慎衡量的问题。刘万利和胡培（2010）的研究结果显示，创业者对未来收益的预期会影响创业决策。预期收益越高，选择创业可能性越大；反之亦然。姚梅芳（2007）指出创业者在选择开发机会之前会先衡量机会的价值与开发机会的成本和机会成本。创业者对机会的开发具有选择性，创业者一般开发具有更高期望值的机会，在机会成本较低时才会决定开发机会。

　　机会开发还受个体特质的影响。潜在创业者不仅要具备强烈的渴望成功的意愿，更需要具有强大的信心和忍耐力，因为在机会开发的过程中要面临事物发展的不确定性，以及来自周围其他人的怀疑和质疑，这就需要潜在创业者具备强大的自我肯定能力、自我控制能力和坚毅的容忍力。动机积极、信念坚定、不放弃是成为成功创业者必备的个人特质。

　　（2）机会特性的角度。机会本身的特质也影响着潜在创业者的机会开发选择。蒂蒙斯（Timmons，1999）提出"机会之窗"的概念，根据市场发展的不同阶段，创业机会的数量也会发生变化。当市场处在成长阶段并形成一定的结构时，便出现了机会之窗；当市场发展到成熟阶段，"机会之窗"就随之关闭，因此，蒂蒙斯的"机会之窗"理论意在说明，企业获利的大小与"机会之窗"存在的时间呈正比。他进一步指出，吸引顾客、具有可行性、在"机会之窗"存在期被实施等机会特性是潜在创业者开发机会并获得成功的必要条件。

（二）创业周期理论

　　创业周期即创业发展的过程。目前学者们对创业周期存在多种理解，主要有狭义和广义两种观点。狭义的创业周期仅指新经济组织（企业）创立的过程。如唐靖和姜彦福（2008）将创业周期分为三个阶段。第一阶段为概念期，这一阶段是创业的最初阶段，创业者开始产生创业意识，即创业动机，并开始有意识发现、识别创业机会，盘点可获取的创业资源，当得出创业具有可行性之后，创业动机形成。第二阶段为酝酿期，该阶段是创业过程的核心环节，只有当创业者可获取的创业资源能够支撑和满足创业机会时，创业者才决定实施创业计划。因此，创业资源、创业机会是决定创业者是否实施创业机会的关键因素，但创业动机决定着创业发展的方向，对创业者而言，不同的创业动机对应着不同的利益标准，因此，创业动机在这一阶段也发挥着重要作用。第三阶段为婴儿期，这一阶段是将创业计划实施到具体形式上的阶段，如成立新创组织（企业）并赋予其法律上的合法性，研制新产品等。至此，创业过程完成。而广义的创业周期包括从最初的创业动机到新创组织（企业）的成立，以及新创组织（企业）的成长的整个周期发展过程，新创组织（企业）的成长过程又涉及企业生命周期理论。通过文献梳理，本书发现目前学术界关于创业周期理论的研究主要沿用广义观点，从企业成长的角度分析创业周期，因此，本书将主要基于企业生命周期对创业周期理论进行综述，同时兼评创业企业在产业链与产业间的发展轨迹。

1. 企业生命周期理论

创业的实体组织是企业，企业作为创业的最终载体，也如生物体一般遵循一定生命周期规律。企业的成长轨迹以及在成长过程中表现出的能力积累和制度变迁特征是企业生命周期理论研究的主要内容。众多对企业周期的研究以格雷纳（Greiner，1972）的理论作为参考依据，主要从诞生、成长、壮大、死亡等几个关键阶段进行扩展和细分。

加尔布雷斯（Galbraith，1982）基于企业创立视角，对创业周期进行了四阶段划分：第一阶段为原理证明阶段。在这一阶段中，创业者产生创业动机并构思创业计划，通过整合资源进行新产品研发。在这一阶段中，创业者通过实践对创业构思进行验证；第二阶段为新产品原型阶段。在这一阶段中，创业者整合资源将创业想法转化成实物的过程；第三阶段为新产品试销阶段。创业者在这一阶段进行一定数量的新产品生产，并对产品进行试销；第四阶段为起始阶段。这一阶段中，样品正式进入生产销售阶段。

爱迪思（Adizes，1989）基于企业文化视角将企业生命周期划分为孕育、成长、老化三个阶段，又分别对各阶段细分为十个不同的时期，其中孕育阶段包括孕育期、婴儿期、学步期；成长阶段包含了青春期、盛年期和稳定期；老化阶段包括贵族期、官僚化早期、官僚期，最后直至企业的消亡。

陈佳贵（1995）对企业生命周期进行了六个阶段划分。第一阶段是孕育阶段。在这一阶段中，创业者在筹集资金、整合资源、研发产品的过程中创建新企业。第二阶段为求生存阶段。企业创建之后并投产运营，由于新创企业在人力、物力、财力等方面都相对欠缺，因此，企业如何生存是这一阶段创业者重点关注的问题。第三阶段为高速发展阶段。在企业站稳根基并取得一定发展之后，便进入高速发展阶段。第四阶段为成熟阶段。在这一阶段中，企业的产品呈现多样化，管理模式趋于复杂化。第五阶段为衰退期。如果企业在成熟期不注重创新发展，就会逐渐走向衰退，产品出现老化，生产开始缩减，导致企业效益不断下降。第六阶段为蜕变阶段。在这一阶段，企业面临两种选择：一种是走向消亡；另一种是破茧重生，当企业发生革命性变化之后，带来了企业脱胎换骨的改变，就实现了企业的蜕变，企业得以重生，进而进入新一轮的企业生命周期循环。

通过梳理企业生命周期研究文献，可以发现虽然学者们对企业生命周期进行了多样化的划分，但却存在一个共同点，即企业成长遵循类似于生物体的成长规律，认为企业的发展是一个动态有机的过程。处于不同成长阶段的企业特征也会呈现出差异性的变化，因此，认识企业成长中的阶段性变化和可能出现的问题，对创业企业的健康发展具有重要的指导作用。

本书认为，划分为孕育期、初生期、成长期、成熟期和衰退期五个时期。孕育期是创业企业成长经历的第一个阶段，创业者产生创业动机，并对市场机会进行识别和筛选，在创业需要的人力、物力、财力与创业机会相匹配时，创业意愿达成。因此，孕育期是创业计划初步规划的阶段。伴随着创业计划的实施，在创业的实体形式被法律合法化之后，新创企业诞生，此时便进入了初生期。进入初生期的企业首先要考虑企业生存问题，如何获取资源和扶持政策，如何合理配置资源，如何实现资源的原始积累是这一阶段创业者需要重点思考的问题，创业者运筹帷幄能力和连接外界的关系网络是企业发展的必要条件。当企业站稳根基之后，便进入成长阶段，此时企业规模不断扩张，产品逐渐向多元化发展，企业效益不断提高，此时提高运作效率是这一阶段企业需要关注的首要问题。随着企业的不断成长，企业逐渐走向成熟，进入成熟阶段的企业，面临"创业难，守业更难"的压力和困惑，在这一阶段，企业利润和成长速度开始下降，面临成长极限。如果此时企业管理、技术等并没有得到创新，将很快进入衰退期。衰退期的企业面临双向选择：一是对企业未来持消极态度，这种情况下的企业将会面临消亡的归宿；二是对企业进行全面革新，使企业走出困境，成功蜕变，这种情况下的企业将进入新一轮的成长周期。

纵观企业生命周期中各个阶段企业的表现特征，创新不仅促进了技术、产品和服务的升级换代，成为影响企业成败的关键因素。同时，也是企业可持续发展的有效方法。企业作为开展创业活动的重要载体，在从资源要素推动型向创新驱动型转变过程中，创新型企业强烈的创新动机和灵活的经营机制积极推动了自主创新能力的提升，同时对经济增长、社会就业、产业结构优化等方面也具有显著的促进作用。在企业生命周期的各个阶段，创业家、各种要素、外部环境等都对创业产生不可忽视的影响。

2. 产业生命周期理论

产业生命周期理论作为现代产业组织学重要分支，主要关注产业内厂商数量、竞争程度、产品创新等动态变化过程（李超等，2015）。在产业形成的过程中，往往会伴随着价格、产量、企业数量等的非单调变化过程（张家伟，2007）。产业发展也如生物体的成长一样，遵循生命周期规律，因此，产业生命周期理论是产业演进理论中有关整个产业从产生到成熟再到衰退的变化过程，对产业生命周期理论的梳理，可以帮助我们更好地了解产业内或产业间的企业成长轨迹及运作机制。

沃森（Wasson，1974）将产业生命周期划分为市场发展期、快速增长期、竞争动荡期、饱和或成熟期以及衰退期五个阶段；安德森和泽丝曼尔（Anderson and Zeithaml，1984）将产业生命周期划分为四个阶段：介绍期、增长期、成熟期以及衰退期；克莱珀（Klepper，1997）将产业生命周期划分为探索期、成长期、成熟期三个阶段；希尔和琼斯（Hill and Jones，1998）将产业生命周期划分为五个阶段，分别是初始期、增长期、淘汰期、成熟期和衰退期。鲍志强（2000）对产业生命周期的各个阶段进行了研究，并将产业发展过程划分为孕育阶段、成长阶段、成熟阶段和衰退阶段。苏晓华和王平（2011）将产业生命周期分为四个阶段，分别是初创阶段、成长阶段、成熟阶段和衰退阶段。

随着产业生命周期的推进，厂商数量、竞争程度，以及产品创新等都将呈现阶段性特征，演变为产业生命周期的动态化过程。虽然学者们对于产业生命周期的划分阶段不尽相同，但是产业特征在不同时段表现的形式基本一致。郑风田和程郁（2006）对产业集群过程中创业家的类型进行了分类，提出了"发起型创业家""网络型创业家""改进型创业家""研发型创业家"和"模仿型创业家"，并分析了在产业集群产生与发展的不同阶段，不同类型创业家群体所起到的重要作用。这对从产业生命周期角度分析创业的重要性有一定的借鉴意义。因此本书将分别从初创阶段、成长阶段、成熟阶段、衰退阶段进行分析。

在产业初创阶段，由于市场容量较小且不确定性很高，大量企业进入产业，在面临不确定风险加大的同时，企业间的竞争推动了创新发展，而企业间的异质性创新又推动了企业获得竞争优势，促进了产业的发展。在产业发展初期还需要开拓外部市场和引进外部资源，以避免大量模仿导致的资源和市场的过度竞争而使产业走向收敛和衰落的后果。这就需要网络型创业家积极向外结网的活动，以增强产业集群的市场辐射力和产业凝聚力。通过网络型创业家的结网活动，扩大产业的规模和边界。同时，在规模效益下，对产业链上的各个关节形成强大的需求，带动产业内和产业间的发展。当越来越多的企业进入后，产业进入成长期。这一阶段产业的表现特征主要为生产水平的提高，创新开始从产品创新向过程创新发展，进入壁垒提高，企业数量趋于下降。此时，只有那些掌握了先进技术的企业才能在激烈的市场竞争中生存下去。在产业成长过程中，创业家的创业创新活动引发了其他企业的群体模仿和衍生创新，此时，创业家只有通过积极搜寻和创造创业机会，才能有效突破因模仿造成的生产方式的单一引起的收敛困境，才能带动产业生命周期的延长，并且在这一阶段，创业者需要不断发现和识别新的创业机会，开创或引入新的产业，一旦创业者开拓出获得市场和资源要素的路径并获得超额利润，这一开拓的路径将成为未来产业发展的模仿范式。这一阶段的产业规模将不断扩大，产品质量不断提高，极大地刺激了消费，带动了关联产业的发展，进而促进经济增长。随着产业成长阶段的不断推进，进入壁垒更高，企业进入变得越来越困难，同时利润不断压缩。为了满足多样化的市场需求和全球化竞争的压力，产业发展将由以低成本优势为基础的粗放式扩张向技术、设备、管理等方面水平全面升级的转型。创业者通过对产品的创新、生产工艺的创新、销售方式和渠道的创新和产业服务体系的改进，使产业生产实现高度专业化分工，产业生产实现自我支持。而这一系列"改革"增强了企业的竞争力，这种"改革"效益的外溢将带动其他企业的改造活动，促进整个产业体系的改善。此时产业成长完成了由初创期到成熟期的过渡。当产业发展进入成熟期以后，低端部分的低成本优势已经越来越弱，而处于高端的高昂的技术成本使产业面临巨大竞争压力，这种在低端部分被新生产业替代，在高端部分被发达产业竞争的局面被形象地概括为"三明治"境地（Altenburg and Meyer，1999）。因此，这就需要创业者进行技术创新推动产业持续稳定发展。通过企业间、产业间的交流合作实施，产学研相结合研发模式，推动产业的自我创新。这不仅使产业具备了抵御外界风险的能力，产业创新模式带动了周边关联产业的创新模仿，技术创新实现外溢效应。这种创新外溢效应带动了模仿型创业家的创业活动，模仿活动的存在使产业生产实现规模经济，进而节约了交易成本并催生了新一轮的创新活动。在这一时期，产业规模趋于饱和，在带动关联产业发展的同时，优化了市场结构。随着产业发展到一定规模将形成产业集群，当产业进入衰退阶段，市场日益萎缩，供给大于需求。产业内部企业选择退出或者创新，在这一阶段，积极进行创新转型的企业才有生存下来的可能。

产业生命周期理论揭示了产业成长过程中厂商数量、竞争程度，以及产品创新的动态变化过程。从产业生命周期理论中可以发现，创新是产业成长的关键力量。但一些如需求、知识、部门机构（政府和金融机构等）等因素也会影响产业成长与创新之间的关系（Malerba et al.，2001、2002）。不同的产业周期阶段体现了产业内部企业创业的重要性。一个产业的成长也代表了其科技前沿成果、产业结构优化升级、自主创新能力和竞争力的发展导向。在产业成长过程中，对市场需求的敏锐把握、资本与劳动之间相互替代、企业间的异质性创新活动都对经济方式转型起到重要的推动作用。

二 创业资源理论研究

（一）资源基础理论

资源基础理论从资源角度研究企业的竞争优势，提出了"资源—战略—绩效"的研究框架。其核心思想是企业的异质性资源导致战略上的差异，进而产生差异化的绩效。企业的资源优势是企业保持竞争优势的关键，那些有价值的、稀缺的、不可完全模仿的、不能完全替代的资源是企业获取经济租金的重要原因。这一理论不仅强调了资源对企业成长的重要性；同时，也适用于新企业的创立。创业资源是创业过程中的重要支撑，创业资源的可得性越高，创业者掌握的资源越丰富，异质性越大，就越有助于提高创业计划的设计和实施，创业者通过控制和利用这些异质性资源来提高创业成功的概率。

1. 资源基础理论的产生

企业如何在激烈的市场竞争中保持优势是研究者一直以来密切关注的

问题，针对这一问题，学术界展开了大量的研究，研究成果也颇为丰富，早期具有代表性的研究为新古典企业理论。该理论假设市场主体是完全同质性的，提出了完全竞争市场模型并推出长期中企业的超额利润为零的结论，然而这一企业同质性的假设所得出的结论与现实中企业竞争力存在巨大差异，现代企业理论对这一问题进行了修正，并接受了企业差异化发展的现实，并在这一研究框架下展开了大量的研究。概括起来，主要有以贝恩（Bain）为代表的哈佛学派的产业组织理论、以熊彼特（Schumpeter）为代表的芝加哥学派的产业组织理论，以及科斯和威廉姆森（Coase and Williamson）的交易费用为代表的新产业组织理论（Conner，1991）。

贝恩（Bain，1959）的产业组织理论可以概括为市场—企业—绩效（SCP）模式，强调企业竞争力主要来源于市场结构，主要从市场结构的角度发掘企业竞争的源泉，因此这一理论的特点是认为企业竞争是由外向内的作用。波特（Porter，1980）继承了这一思想，并沿用贝恩的产业组织分析模式研究企业战略问题，提出了包括新的竞争对手的入侵、替代品的威胁、供应商讨价能力、购买商议价能力、现存竞争对手之间的竞争的5种竞争力量战略分析模型。5种竞争力量通过影响价格、成本及投资直接或间接地影响产业内的企业盈利能力和竞争力，而产业结构及企业在产业中的定位决定了企业的竞争因素。因此，产业吸引力是影响企业长期盈利能力的重要因素，企业对进入产业的正确选择是企业保持竞争优势的关键。

波特的5力竞争分析模型的提出具有划时代的意义，并得到了很多学者的肯定和追随。它明晰了企业战略研究的分析框架，指出了外部环境对企业竞争优势的重要作用。在20世纪的整个80年代，5力竞争模型（竞争优势理论）几乎统治了整个管理界。但这一理论过分强调了外部环境对企业竞争力的重要影响，特别是行业内的竞争环境对企业竞争和绩效的影响，而忽视了对企业内在优势的研究，从而遭到其他学派的质疑。如，芝加哥学派认为，正是由于企业竞争行为的影响，才导致市场结构对企业绩效的影响，他们强调从企业内部来分析企业竞争优势的来源。因此，自20世纪80年代开始，学者们将竞争优势的研究视角转移到企业内部，在这一方面需要提出的是，以科斯（Coase）为代表的企业契约理论。这一理论以交易成本为核心，研究了一直以来人们关心的企业作为一个"黑箱"的契约关系，但是这一理论仅是对企业交易活动的分析，并没有对企业在生产过程中的要素市场进行研究。因此，资源基础理论就在这一背景下应运而生。

2. 资源基础理论的发展和思想

从资源基础理论的发展来看，资源基础理论经历了斯密（Smith）的分工理论、马歇尔（Marshall）的企业差异分工理论、潘罗斯（Penrose）的企业成长理论，资源基础理论，企业知识理论，其演进过程可概括如图 2－1 所示：

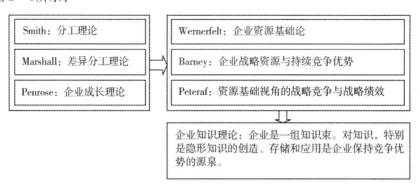

图 2－1 资源基础理论的发展

（1）资源基础理论的发展

早期关于要素市场在资源配置和组合方面的思想和观点，为资源基础理论的产生和发展提供了富有启迪性的理论基础。资源基础理论的发展经历了企业分工理论、企业成长理论和企业资源基础理论三个阶段。

亚当·斯密（Smith，1776）在《国富论》中对劳动分工的讨论。他认为，劳动分工对生产效率的提高主要体现在三个方面：第一，工人重复性的生产可以提高效率；第二，通过分解复杂工作工序，降低了工人在工作之间的转换，从而可以提高效率；第三，工人通过使用机器生产复杂的工作，可以提高效率。斯密的分工理论揭示了在生产过程中，对知识的发现和经验的积累有助于提高生产效率，影响着企业的成长，而这也是企业保持竞争优势的本源。

马歇尔（Marshall，1925）融合了赫伯特·斯宾塞（Herbert Spenser）的"差异—整合"思想，提出了企业内部和企业之间的差异分工理论。认为企业在差异分工中得到了成长，通过分解母体职能部门，使子职能部门产生差异化的知识和技能，为了协调子职能部门之间的问题，需要产生新的职能部门，通过产生新知识和新技能已达到协调和整合的目的，在这个过程中，企业得到了持续成长。

潘罗斯（Penrose，1959）在其《企业成长理论》一书中，继承了马歇尔的观点，进一步讨论了单个企业内部成长的问题。以资源基础观点探讨了企业资源和能力的特征和功能及其与企业成长之间的关系。提出企业成功的环境是由要素市场决定，而企业是由不同用途的资源集合而成的，特别是在成长过程中积累的"剩余知识"，对企业成长的方向起决定性作用。她进一步指出，要素市场的不完备性使竞争者难以获取、模仿和替代战略资源，企业间的异质性资源是实现企业持续竞争的重要因素。潘罗斯（Penrose）的企业成长理论为资源基础理论奠定了基础。

沃纳菲尔特（Wernerfelt，1984）发表的《基于资源的企业观》借鉴了 Penrose 的观点，并正式提出了"资源基础观念"一词，是企业资源基础理论具有里程碑意义的标志。将企业战略决策的研究视线转移到要素市场上来，从企业竞争优势的维持角度，强调了企业战略性资源对企业竞争优势的重要性。

罗梅尔特（Rumelt，1982、1984）指出企业竞争优势并非来自外部市场力量和产业间的相互关系，企业自身所拥有的某些特殊因素是企业获得超额利润以保持竞争优势的来源。他指出企业是一串特殊性资源束，而"隔绝机制"[1] 决定了企业竞争是否能被模仿，并进一步指出企业在决定模仿时，由于并不确定要通过什么方式来模仿或对模范成本的模糊[2]，进而限制了其他企业模仿竞争的行为，从而使企业竞争优势得以保持。

巴尼（Barney，1986）提出通过资源积累和能力培养，企业可形成长期且持续的竞争优势。同时他进一步指出，不完全竞争的战略要素市场形成了战略资源的异质性，而这正是企业在产品市场上获得竞争优势的基础。

德里克斯和库尔（Derickx and Cool，1989）指出，战略资产存量中企

---

[1]　隔绝机制（isolating mechanism）是指限制企业走向均衡，保持持续竞争优势的一系列因素的作用机制。包括：拥有稀缺资源的所有权；信息不对称；模仿成本。

[2]　罗梅尔特（Rumelt，1982）将其解释为"原因模糊"（causal ambiguity）。

业所特有的资源是形成企业持续竞争优势的关键。由于受时间压力的非经济性、资产累积的效率、资产存量协同性和资产销蚀性原因不明等因素的影响，产权未明确界定的资源、商誉、信任及高度专有性的资产等不可能在公开市场上交易，这就使企业获得了持续竞争的优势。

格兰特（Grant，1991）分别从公司战略和事业战略两方面探讨了资源对竞争、利润以及企业发展的决定作用。指出企业的内部资源和能力决定了企业发展的方向，是企业保持竞争优势和获取超额利润的重要来源。企业内部资源与能力容易被管理与控制，更适合为企业拟订战略方向时提供参考依据。

贝特罗夫（Peteraf，1993）对企业具有竞争优势的资源特点进行了研究，指出企业获得竞争优势的条件包括企业的异质性、对竞争的事后限制、不完全流动性。他强调企业可以因拥有对这些资源的"垄断"而获得超过平均利润的"租金"。

以上学者的研究构成了资源基础理论（BRV）的主要内容，资源基础理论强调资源的异质性，认为企业间的资源差异对企业竞争优势的影响非常重要。企业拥有资源的稀缺性、不可复制和替代性，以及以低于其他企业获取资源的成本决定了企业在获取经济租金和竞争优势方面的能力。这一观点的提出使企业开始关注要素市场，以及从资源存量和资源利用效率方面制定保持企业竞争优势的策略。之后的研究则是在依据这一研究框架之下得以发展起来。

（2）资源基础理论的思想

以上归纳了资源基础理论的发展过程，但具体到研究内容上，主要可以划分为两种思路，分别是巴尼（Barney）的企业资源存量分析和贝特罗夫（Peteraf）的企业资源流量分析。

①巴尼（Barney）的研究思路

Barney（1986，1991）首先对资源的概念进行了界定，并对资源进行分类，在他看来，企业能够控制的一切要素都可归为企业资源，包括资产、能力、管理、信息、知识等。这些资源可以划归为物质资本资源、人力资本资源和组织资本资源。由于一般性资源并不能被企业全部利用。因此，资源基础理论主要关注那些具有价值、相对稀缺、不能被完全模仿、不能被完全替代的资源，Barney 将这些具有异质性的资源称为企业的战略资源。而企业战略资源的特性正是资源基础理论区别于波特的 5 力竞争模型的关键。

　　但是将战略资源从一般资源集中区别出来，并没有真正体现资源基础理论的研究价值，而发现一般性资源到战略资源的演变过程并将之揭示出来，是 Barney 研究的重点。因此，从这一点讲，Barney 的研究是对资源的存量比较静态分析。Barney 通过对资源层层剥离，并赋予战略资源特别的属性，将一般性资源到战略资源的演变过程逐渐呈现出来。他指出在一般性资源集中，并不是所有的资源都可为企业所利用，企业会选择那些能够提高企业效率和效益的资源，Barney 称之为"有价值的资源"。但资源的价值性并不是企业竞争优势的必要条件，还要求这些资源是稀缺的，即资源应该具有稀缺性，这样才能保证在一段时期内，企业因掌握的这一有价值的稀缺资源而保持竞争优势。而长期以来，其他企业通过一些方式获取"稀缺资源"，这就需要为资源赋予不能完全模仿和不能完全替代的特性。因此，在 Barney 的研究中，通过对战略资源的演变过程的揭示，提出了企业保持持续竞争优势的来源问题。因此，Barney（1986，1991）的研究是对沃纳菲尔特（Wernerfelt，1984）研究的发展，即：将如何维持企业竞争优势问题的研究上升到对企业持续竞争优势的探讨中，是资源基础理论的重要内容。

　　②贝特罗夫（Peteraf）的研究思路

　　Peteraf（1993）发表了名为《竞争优势的里程碑：一个资源基础理论的观点》一文。从市场竞争视角分析竞争战略带来的持续性竞争力的问题。其主要思想是，资源的差异对应着不同的竞争战略，而差异的竞争战略又对应着不同的企业绩效。因此，Peteraf（1993）试图通过剖析企业竞争战略和战略绩效来找寻企业持续竞争的优势。与 Barney（1986，1991）更切合管理学研究视角不同，Peteraf（1993）尝试运用经济学方法——古典经济学的租金分析对企业持续竞争问题进行阐释。

　　Peteraf（1993）提出了保持企业持续竞争优势的四种战略：第一种战略优势来源于企业所拥有的异质性资源。资源异质性特点使企业具有不同的资源禀赋，导致异质性资源在短期内不能无限供给，从而产生了"李嘉图租金"。但在长期中，这种由资源异质性带来的竞争优势并不确定，还需要与其他三种战略相组合。第二种战略优势来源于资源的不完全流动性，资源的不完全流动性决定了企业内部效率要高于其他企业，从而保证了租金只能在内部分享。即使其他企业获得了异质性资源，但也可能因为过高的成本而失去竞争优势。第三种战略优势来源于对竞争的事前限制。其战略核心是从成本的角度考虑如何获取优势资源，从而使租金得以维持。这一战略隐含着贝恩（Bain，1952）的观点，即企业需要通过垄断的不完全竞争机制来获取资源优势。第四种战略优势来源于对竞争的事后限制，即通过隔离机制以使资源具有不完全模仿性和不完全替代性。这一隔离机制产生于企业对模仿的"原因模糊"（Rumelt，1982）。企业如何能够成功将以上四个战略组合在一起，就获得了企业持续竞争优势的充要条件。

通过阐释 Barney（1986，1991）和 Peteraf（1993）对资源基础理论研究的不同思路，可以看出，Barney（1986，1991）关于战略资源特性的研究为 Peteraf（1993）竞争战略的提出奠定了基础，Barney（1986，1991）对战略资源的存量研究是 Peteraf（1993）竞争战略的流量研究的积累形式，而 Peteraf（1993）研究则是 Barney（1986，1991）研究的流量化体现（马昀，2001）。

资源基础理论是从企业内部资源角度探讨企业持续竞争的来源，并提供了一种新颖的分析范式"资源—战略—绩效"，资源基础理论是在假设企业资源的异质性和不完全流动性的条件下展开的。事实上，企业创业时的资源是同质的，正是由于"隔离机制"的作用，使企业掌握了异质性且不易流动的资源，才能确保创业企业在成长中保持创新能力，维持企业竞争优势。

3. 资源基础理论的衍生

既然资源基础理论强调企业战略资源对企业持续发展的重要性，那么如何发展并获取企业战略资源也是学者们关注的焦点。资源基础理论的追随者认为，组织学习和管理是获取战略资源的途径。因此，逐渐形成了资源基础理论的衍生理论——企业知识理论。该理论通过强调知识创造能力，特别是隐性知识是企业保持竞争力的源泉。该理论指出学习对个人知识和能力的提高，知识和能力的转化具有积极作用，并促使企业获得新技术，产生更大的整合力。但单纯的组织学习只是企业获得优势资源的必要条件，还需要企业对知识微观活动过程进行管理，企业处置和管理知识的效率和速度是企业获取战略资源的充分条件。另外，外部网络平台的搭建也有助于企业获取战略资源，通过建立战略联盟、知识联盟来学习优势企业的知识和技能，在学习过程中激发员工的创造力，促进知识的创造和能力的培养，从而有助于企业获取特殊的资源，增强竞争优势。

企业知识理论首先研究的知识的特性，认为知识的隐含性、积聚性和专有性决定了企业的持续竞争力。企业知识理论将企业定义为一组知识束，企业是汇集具有不同专业知识和技能的个体的组织，并通过协调将这些专业知识得以集聚。格兰特（Grant, 1996）发现个人是知识创造和存储的载体，而企业则通过整合、协调能力将其转化为企业知识，因此企业整合知识，特别是对隐性知识的协调成为企业竞争优势的关键。斯潘德（Spend, 1996）认为企业作为生产和使用知识的系统，其对知识发散式的管理模式将有助于知识功能的发挥并提升企业的竞争优势。野中郁次郎等（Nonaka et al., 1996）阐释了知识进化的过程，指出企业不能单纯地将个体知识进行集中，而是在边干边学中通过相互学习，以形成知识的互动和融合。

从上述观点来看，知识本质上是企业的一种异质性资源，知识学习、管理和应用是企业保持竞争优势的源泉，而企业通过学习机制而不是隔离机制实现了保持竞争力的能力。从这一角度讲，企业知识理论是对资源基础理论的完善和升华。

4. 资源基础视角下的创业研究

资源基础理论强调企业是一组资源束，资源的价值性、稀缺性、难模仿和不可替代性决定着企业生存发展和竞争优势。在这一理论视角下，创业活动就可以看作创业者通过识别、搜寻、开发资源以实现机会价值的活动。因此，基于资源视角下的创业研究主要关注创业资源如何影响创业组织发展的问题。利普特和施密特（Lippit and Schmidt, 1967）归纳出资金、技术、领导、声望、债务融资、职员、外部联结等资源对创业组织的创建、生存和稳定发展发挥着关键作用。斯坦梅茨（Steinmetz, 1969）从管理的角度研究认为，管理能力、资金、职员、企业文化、物质资源等是企业生存和管理中的关键资源。格雷纳（Greiner, 1972）研究指出，新资本、职员、领导、存货和管理能力等资源影响着企业的成长和发展方向。丘吉尔和路易斯（Churchill and Lewis, 1983）认为新思路、技能、原材料、资金、员工、技术和信息等是新企业创建、生存和成功的关键资源。斯科特和布鲁斯（Scott and Bruce, 1987）指出资金、技能、员工、管理经验、物质资源和外部联盟等资源对新企业在创建、生存、成长和扩张等阶段都起着至关重要的作用。

通过对相关文献的梳理，本书发现，创业资源对创业过程的各个阶段都发挥着直接或间接的作用。既然创业资源对创业有显著的影响，那么，二者之间存在怎样的关联这一问题便成为创业资源研究视角下的主要议题。莎伦和洛厄尔（Sharon and Lowell，2001）是这一问题研究的开拓者，他们运用资源基础理论对创业问题进行了研究，并将资源基础研究的内容扩展到创业者个体的认知能力、自有资源等范围。认为创业就是创业者利用获取的资源和同质化的资产转化物——异质化的能力等进行机会开发的过程。而布拉什等（Brush et al.，2001）则从资源获取的过程视角研究了创业资源与创业之间的关系。他们认为，在企业初创期，创业者会通过自身拥有的简单资源获取其他创业资源，再通过积累和重新组合将其转化成企业组织资源，通过搜寻、获取、积累创业资源实现创业企业创新发展。由此可见，资源禀赋影响着新创企业的资源水平和资源存量，进而影响创业机会的开发和战略制定，更进一步地影响着创业企业的生存、成长和发展。

（二） 资源拼凑理论

对拼凑理论的研究最早出现在人类学关于人类认识世界方式的研究上，这一研究奠定了拼凑理论研究的基础。随后，拼凑理论被不断应用在哲学、组织学、人文科学、管理学等领域，并衍生出制度拼凑、资源拼凑、即兴拼凑等多元化的研究视角。而格劳德和卡尔诺（Graud and Karnoe，2003）、贝克等（Baker et al.，2003）将拼凑理论应用于技术创业的研究中，从而为资源拼凑理论研究奠定了基础。

贝克和尼尔森（Baker and Nelson，2005）首次将资源拼凑运用到创业研究中，并提出创业拼凑定义，创业者为了解决因资源环境的不确定性和资源匮乏所带来的困难和挑战，对手头现有资源进行重新整合和创造性地利用以开展创业活动的行为。从这一定义可以看出，创业者在创业过程中，由于创业必要资源的缺乏，且难以利用自身信誉和自有资本获取外部资源，创业者不得不依靠现有资源，通过资源拼凑实现资源从无到有或无中生有的动态过程，从而促进创业活动的开展。图2－2描述了创业拼凑的动态过程。

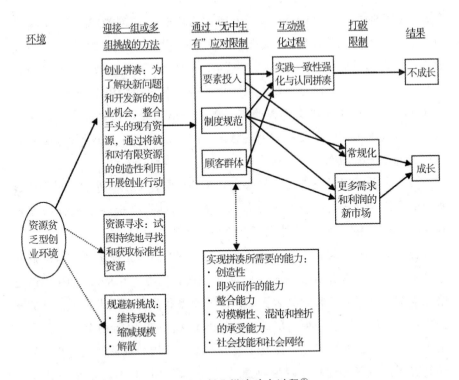

图 2—2　创业拼凑动态过程①

　　首先创业拼凑是以资源匮乏的环境为背景，为了应对创业遇到的困难和挑战，创业者通常有三种选择方法：第一种为创业拼凑；第二种是资源寻求；第三种是规避困难或挑战。而在创业拼凑中的主要环节是要素投入、规范化制度、获得客户群体。三种环节相互作用产生的结果分别是通过创业实践的一致性强化形成认同拼凑创业常规化发展模式，更多的需求和利润的新市场。由于异质性强化会因试错、调整而造成时间成本增加，从而制约了新创企业的成长。而常规化的创业模式以及新市场的创造能够促进新创企业的成长。对于进行资源拼凑的创业者而言，应该具备的能力包括拥有创造性和即兴而作的能力、整合能力、对未知时间的承受能力，以及社会技能和获取外部资源的社会网络。

　　随着资源拼凑理论与创业研究的深入结合，逐渐形成了三种核心概

　　① 秦剑：《基于创业管理视角的创业拼凑理论发展及其实证应用研究》，《管理评论》2012年第 24（9）期，第 94—102 页。

念："凑合利用"（making do）、"突破资源约束"、"即兴而作"。具体地讲，"凑合利用"是指创业者通过对手头现有资源的创新型利用，实现创业机会开发的目的。"突破资源约束"是指创业者有意冲破传统创业资源的利用方式，创造性地整合现有资源以积极应对资源约束的现实。"即兴而作"是指创业者在拼凑资源的过程中，并不拘泥于已有的资源利用方式，而是表现出较强的创新和创造意识，因此，可以说资源拼凑是创业者管理资源的一种动态创新活动。

虽然资源拼凑理论的兴起只有十几年的时间，但国内外学者对创业过程中的资源拼凑进行了一系列有益的研究。如贝克（Baker，2005）通过在 29 家新企业的数年实地扎根研究，探讨了创业过程中资源的拼凑方式、过程以及资源拼凑与新创企业的关系。指出创业拼凑是受资源约束的创业者"无中生有"创造异质性资源的创业过程。贝克（Baker，2007）通过描述案例分析研究了某玩具店资源拼凑的现象和过程，指出资源拼凑能够突破资源约束。斯蒂芬斯（Steffens，2009）对 1329 家新创企业进行了实证研究，发现创业拼凑显著提高了资源的不易模仿和难替代性，使新创企业具有明显的资源优势。森尼亚德（Senyard，2010）研究了创业拼凑对创业绩效的影响，研究发现创业拼凑的正向驱动作用明显，有效提高了新创企业绩效。斯密和贝克（Smith and Baker，2010）通过案例分析发现，创业拼凑显著促进了新创企业的市场竞争力。森尼亚德（Senyard，2011）利用 328 家初创企业和 385 家新企业的微观调查数据，研究了资源约束环境下创业拼凑与新企业的创建和成长的关系发现，创业拼凑能够积极提高初创和新企业的创新绩效。萨伦科（Salunke，2013）对比研究了 192 家澳大利亚新企业和 261 家美国新企业的资源拼凑问题，得出拼凑对企业创新和持续竞争具有显著的积极作用。笔者通过梳理国外研究文献发现，目前国外学者对创业拼凑研究主要集中在四个方面：创业拼凑理论模式的识别；创业拼凑理论的应用情景；创业拼凑理论的构想；创业拼凑对初创和新企业的绩效影响。

近年来，国内学者在创业研究中也逐渐关注到资源拼凑理论。张玉利（2009）研究认为创业拼凑促进了处于不确定环境下创业模式的创新。张敬伟（2009）通过对创业拼凑过程的研究，提出了创业拼凑与创业企业成长的企业成长模型。李新春等（2012）对创业拼凑的影响因素进行了研究，指出社会网络有利于创业拼凑宽容环境的形成。秦剑（2012）基于创业管理视角，研究了创业拼凑理论的发展并详细梳理了创业拼凑理论的观点和过程模型，并对未来创业拼凑理论的研究进行了展望。梁强等（2013）梳理和评述了创业拼凑研究文献，阐释了资源拼凑对资源价值实现的机理。祝振铎和李非（2014）利用212家新企业的微观数据实证研究了创业拼凑对新企业绩效的动态影响，发现创业拼凑显著促进了企业在初创阶段和早期成长阶段的企业绩效，尤其是对初创阶段新企业的成长绩效作用显著。总体而言，国内学者对创业拼凑理论的研究还处于初级研讨阶段，研究空间还有待深入。

新企业在创建和早期成长时期，由于资源禀赋匮乏，管理经营经验不足，难以通过信誉和声誉等获取外部资源以实现创业机会开发的目的。创业者通过资源拼凑创造性地整合利用手头现有资源，能够帮助创业者在资源禀赋缺乏的条件下，提高创业成功的概率。因此，成熟企业在"管理问题"上的重点关注，使得基于成熟企业发展起来的资源理论无法解决创业企业的成长问题，而创业拼凑理论为新企业在初创和成长过程中"突破资源约束"提供了一条可供选择的创业路径。

（三）资源依赖理论

创业资源在创业活动中是不可或缺的，创业活动的开展需要联结现有资源并通过与外部组织进行沟通来获取新资源，从而发挥资源对创业的基础和支撑作用。创业者从外部环境中获取创业必需的资源，并通过与资源提供者保持良好的关系并嵌入创业网络中以更好地接触和获取信息、技术和资源，这是创业成功的关键。

任何组织形式都是社会环境的产物，这就决定了组织对环境的依赖关系，而能够影响外部环境的因素却是存在于环境中的其他组织形式。因此，资源依赖理论主要关注环境与组织之间的影响、关系等问题。从学科分类划分来讲，资源依赖理论是组织研究中的重要流派，这一理论主要研究组织如何在环境中生存的问题。资源依赖理论不同于资源基础理论单纯考虑企业内部的资源禀赋，而是通过研究企业与环境的互动，以满足企业内部对资源的需求的问题，以上是在开放系统框架下展开的。但资源依赖理论又不拘泥于对外部环境的影响，该理论同时兼议组织内部的依赖问题，即从权力角度来研究如何通过自身的成长以避免对环境的过度依赖。事实上，资源依赖理论和资源基础理论两者之间并没有交集，如果需要比较两者之间的关系，其共同之处仅在于其都是对资源对企业发展的重要性的研究。

塞尔兹尼克（Selznick，1949）对田纳西流域当局（TVA）的经典研究对资源依赖理论的发展起到重要的推动作用。在 TVA 在对美国南方地区开展工作时，发现其工作的完成度需要依赖南方地区的精英们的配合，因此，他们采取将这些精英们吸收进自己的决策系统中来的策略。塞尔兹尼克（Selznick）将这一决策机制称为"共同抉择"。但是，塞尔兹尼克（Selznick，1949）对这一概念的阐释并不清晰，在共同选择的过程中，组织 A 与组织 B 的合作是基于什么样组织关系，是以强者的身份对弱者的吸收，还是以弱者的身份对其他组织的依赖？对此，学者们对权利在组织之间相对平衡关系问题展开了大量的研究。

汤普森和麦克伊文（Thompson and McEwen，1958）确立了三种组织关系：第一种为联盟（合作）；第二种为商议（谈判）；第三种为共同抉择（将潜在的影响因素吸收进组织结构中）。1967 年，Thompson 进一步提出了解释组织关系的依赖模式分析框架，该模式是指组织 A 对其他组织的依赖取决于其他组织所提供的资源或服务是否满足组织 A 的需要，如果这一条件成立，那么，组织 A 对其他组织的依赖程度会与提供的资源或服务的重要性成正比。

扎尔德（Zald，1970）遵循了 Thompson 的研究思路，从"政治经济"视角分析了组织为获取外部资源需要采取的政治结构——联盟，他指出当组织所需的资源被其他组织所掌握时，组织之间可以采取正式的或非正式的联盟方式来相互影响。联盟类型包括横向和纵向，横向联盟手段如处于同一行业中的组织之间的合并（这是一种正式的手段）、价格垄断（这是一种非正式的手段）。纵向联盟发生在处于不同市场定位的主体之间，如消费者、生产者与销售者之间。具体的手段如合并、合资或成立董事会。

在此之后，大量关于组织分析的研究不断出现，但真正将组织关系架构在资源依赖框架下的分析，则要归功于普费弗和萨兰西克（Pfeffer and Salancik，1978）在《组织的外部控制：一种资源依赖的视野》中的讨论。在该项研究中，Pfeffer 和 Salancik 首先阐述了资源依赖的四个假设条件：

假设 1：在组织运行中，不可能实现对所需资源的自给自足，组织为了生存，必须依赖外部环境，通过搜寻外部环境中的资源来满足内部所需。

假设 2：组织对环境的依赖来源于对资源的需求，而稀缺性资源对组织发展的重要性决定了组织对外部环境的依赖程度。

假设 3：组织的运作离不开与外部环境的互动，这就决定了组织必须要与存在于外部环境中的其他组织之间进行交流互动，为了减少组织对外部环境的依赖程度，组织必须进行自我能力和行为模式的提升或改进。

假设 4：存在很多处理组织依赖关系的方式方法，如通过合作和联盟或其他市场战略来改变组织对外部环境的依赖。

基于以上假设条件，Pfeffer 和 Salancik（1978）指出，决定组织对外部环境（确切地说是其他组织）依赖程度的关键因素为：组织所需资源的重要性、组织内部在获取资源使用的程度、外部组织对资源的掌握程度、替代性资源存在的程度。他们同时指出，组织之间的依赖程度可以是相互的。

伯特（Burt，1983）提出了"结构洞"理论，认为组织之间的关系可以被看作是一张网状图。而在这一关系网络中，并不是所有组织之间的联系都是强联结关系，还存在一些虚弱的联结关系，这就构成了在关系网络节点上一个个的洞。伯特认为，在社会结构中占据相对稀疏的位置（即在这一位置上，组织之间的不存在激烈的竞争）并同时又被其他组织所依赖，而其他组织所占据的市场是完全竞争性的，这就产生了组织的高利润收益。

贝克（Baker，1990）通过研究公司与投资银行之间的关系后，发现当公司高度依赖投资银行时，公司会试图通过建立一种长期合作的关系来满足自身对资源的需求。相反，如果这种依赖程度较低的话，公司与银行之间只会在短时间内得以保持。从他的研究中，可以得出一个很重要的启示，即组织会主动采取行动以建立或保持与其他组织之间的依赖关系，而这一研究是在对组织之间共同抉择和依赖关系研究的进一步发展。

对于资源依赖理论的最新研究是关于"公司行为扩散"[①]，而社会网络正是这一行为的主要载体。"公司行为扩散"研究指出，公司的决策或行为会通过社会网络影响到其他公司组织的行为或决策。但事实上，行为决策的发起者并没有主动控制其他组织的行为，这种看似主动控制的结果暗示着组织权利的一种转移，这是对资源依赖理论的衍生和传承。而Baker（1998）的一项研究进一步指出，对资源的依赖还受竞争、权力、制度等因素的影响。

资源依赖理论基于资源稀缺性的特点研究了组织为了生存而依赖外部环境的问题，这种"依赖"的方式既有正式的，也有非正式的，如合并、联盟、垄断等。在依赖外部资源的过程中，组织也在努力改变内部的决策方式以适应外部环境。但这也正是组织通过自我改变去改变环境的过程，也就是说外部环境因组织为适应外部环境所做的改变而改变着。随着资源依赖理论的发展，社会网络对组织决策产生的重要影响正在被越来越多的学者所关注。组织与外部环境的沟通桥梁正是社会网络，组织之间因资源需求建立起来的依赖关系构成了社会关系网络。因此，资源依赖理论关于社会网络的研究对经济活动的影响是深远的，事实上，社会网络在信息共享、资源获取等方面的作用也在积极影响着创业活动。

三 创业与资源研究

创业研究始于19世纪70年代，历经一百多年的发展，创业研究逐渐成为研究领域的热点之一。随着创业研究的不断深入，创业研究议题逐渐从早期单一的个人特质论向更广泛的领域拓展，其中基于资源基础观的创业研究是创业理论研究的重要分支。因此，本书从资源视角对创业文献进行梳理。现有创业资源研究主要围绕两方面展开探讨：一方面是关于创业资源的获取；另一方面是关于创业资源的整合。从文献梳理来看，现有文献大多关注创业的核心资源，如财富资源、社会网络资源和人力资源。

---

① 详见 Galaskiewicz（1985）、Galaskiewicz 和 Wasserman（1989）、Galaskiewicz 和 Burt（1991）、Mizruchi（1989，1992）、Davis（1991）等的研究。

（一）创业与财富资源的相关文献

财富资源包括物质资源和以货币形式体现的资金，由于在创业过程中以厂房、机器设备等基础设施体现的物质资源可以通过购买和租赁的方式获取。因此，其重要性要小于以货币形式体现的资金。流动性约束的存在制约了创业者通过信贷机制实现资金供求上的匹配，此时自有财富水平对创业的影响至关重要。自有财富不仅可以为创业提供直接性的运作资金，也可以作为资信水平的有力证明，缓解信贷约束。

1. 国外研究综述

自有财富是否影响创业的相关研究始于奈特（Knight，1921）和熊彼特（Schumpter，1934，1950）的不同观点。奈特（Knight，1921）指出，承受风险是创业者需要具备的重要特征。由于道德风险和逆向选择的存在，资本市场不会为创业者提供充足的创业资本，因此，创业者需要利用自有财富提供创业资金并且承担更多的失败风险来进行创业。而熊彼特（Schumpter，1934，1950）认为，创业函数和资本之间是相互独立的，创业是为了获取套利机会，而资本市场通常可以保障个体搜寻资本以规避风险。在这一背景下，学者们对这一问题进行了大量论证。

埃文斯和约万诺维奇（Evans and Jovanovic，1989）构建了静态流动性约束下的创业选择模型，他们认为，创业家是否选择创业取决于企业家才能、外在的信贷市场以及自身的财富水平。在存在流动性约束的情况下，创业家是否选择创业是在已知的企业家才能的基础上根据外生的自有财富水平和信贷支持决定的。他们的研究结果发现，由于流动性约束的存在，自有财富增加能够显著提高创业的选择概率，即自有财富与创业选择之间存在正相关关系。由于埃文斯和约万诺维奇（Evans and Jovanovic，1989）的研究不谨慎地判定企业家才能与自有财富水平不存在正相关关系，造成了其研究结论遭到后来研究学者的质疑。

霍尔茨－埃金等（Holtz－Eakin et al.，1994）进一步扩展了 Evans and Jovanovic（1989）的职业选择模型，对财富水平与创业关系的研究遵循以下研究逻辑：如果创业者不能借到能使他们实现利润最大化的资金，那么，个人财富水平是否促进创业选择。他们利用 1981—1985 年个体继承遗产的联邦个人所得税的数据对流动性约束对创业的影响进行了研究，并选择了遗产继承和财富捐赠变量以解决流动性约束的内生性问题。研究发现流动性约束对创业产生显著的影响，而遗产和财产的捐赠能够提高创业的概率并提升创业的规模和层次。虽然这一结论也得出了财富水平对创业具有积极作用，但他们的研究关注的焦点是流动性约束对创业的影响，并没有直接探讨财富水平与创业的影响。

但是，也有学者认为这种忽视财富水平内生性下的研究可能会造成估计结果的偏差，因而，他们进一步完善了财富禀赋与创业研究的模型，得出了不一致的结论。

班纳吉和纽曼（Banerjee and Newman，1993）构建了动态职业选择模型，研究财富禀赋对个人职业选择的影响。他们发现初始财富禀赋影响个体的创业选择，在流动性约束存在的情况下，个人的融资水平受初始财富禀赋的影响，财富禀赋少的个体将无法获取创业所需足够的资金，也就限制了他们的创业行为，而财富禀赋多的个体能够缓解信贷约束从而提高了贷款融资的可得性，也就促进了他们的创业行为。因此这一结论表明，财富禀赋对创业的影响并不是单一的。

赫斯特和卢萨尔迪（Hurst and Lusardi，2004）运用工具变量法对自有财富水平和创业之间的关系进行了重新验证，研究发现，在存在流动性约束的条件下，自有财富水平对创业选择的影响并不是单一的线性关系，一方面，财富增加会弱化创业激励；另一方面，对处于财富分布高端的3%的群体中，财富的增加，会使人们从事高风险性的创业活动的概率增加（Charles and Hurst，2003；Carroll，2001）。因此，对于处于财富分布高端的群体而言，财富增加会激发他们创业的积极性。同时，他们进一步指出，在流动性约束存在的情况下，对于那些潜在创业者和资本不足者来讲，个体自有财富水平与创业之间不存在相关性。另外，他们还研究了家庭财富对子女创业影响，得出只有在财富分布的高端，财富资源才会激励子女的创业行为。

布尔拉（Buera，2009）对美国的职业选择问题进行了研究，在考察流动性约束条件下的职业选择的动态情形时，也得出了流动性约束对创业决策的影响的非单一关系。他们认为个体选择创业还是成为普通雇员取决于资本门限，对于自有财富水平低的群体而言，创业与财富水平呈正相关关系，而对于财富水平较高的群体而言，财富水平与创业之间存在负相关关系。

通过梳理可以看出，国外学者对财富资源与创业的研究存在一个共同的假设前提，即存在流动性约束。由于流动性约束的存在，创业者会面临一个融资限额，从而使创业者在资本市场的融资金额无法与创业所需资金相匹配。为此，一些学者还从信贷支持的角度研究了信贷支持对创业的影响，认为完善的信贷市场和充分的创业信贷支持将有利于促进创业的产生和企业数量的增加（Klappera et al.，2006；Bianchi，2010）。布拉克和斯蒂芬（Black and Sterhan，2002）以及班纳吉（Banerjee，2002）分别从微观和宏观角度分析了完善的信贷市场对创业的促进作用。但财富水平对创业的影响并没有形成统一的定论，本书认为，这可能与学者们对"创业"的界定存在差别有关，如埃文斯和约万诺维奇（Evans and Jovanovic，1989）的职业选择模型将个体的职业选择分为两种。一种是工资性雇佣者；另一种是自我雇佣者。而班纳吉和纽曼（Banerjee and Newman，1993）构建了动态职业选择模型中，将个体职业选择分为三种，分别是工资性雇佣者、自我雇佣者和创业家。显然，自我雇佣者和创业家是存在一定差异的。本书认为，自我雇佣者中包含创业家，而创业家不论是在能力和自我雇佣水平上都要高于自我雇佣者。例如，街头摆摊的小商小贩是一种自我雇佣形式，马云的商业经营也是一种自我雇佣，但二者之间显然存在不小的差距。从某种意义上讲，自我雇佣是创业的前期积累，而创业是自我雇佣的高级形式。如果不能将二者的关系区别开来，很容易导致对以上问题的研究产生不一致的结论。

2. 国内研究综述

国外研究者对于流动性约束的关注，使他们对财富资源与创业之间的关系进行了大量的研究。在研究过程中，由于关注角度不同、数据和方法的差异，使得所得出的结论也不尽相同。众所周知，金融约束是发展中国家普遍存在的问题（Mckinnon，1997）。以财富为基础的有限责任信贷体系限制了低收入群体实现有效规模的资本投资活动（Banerjee，2002）。而在我国特别是广大的农村地区，由于长期实行的金融管制政策（沈艳，2011），导致了64%的农户依赖于家庭自有资金进行创业，81%的创业资本来自于农户家庭内部（Zhang et al.，2006）。信贷约束作为影响创业的重要因素，其对创业的影响是通过如下一系列机制产生的：由于创业通常存在一个最低的资本门槛，如果潜在创业者面临金融约束时，创业者将无法得到外源融资或面临一个融资限额，此时个人或家庭自有财富水平将成为创业选择的重要决定因素（张龙耀等，2013）。事实上，国内学术界也对财富资源对创业的影响进行了大量的研究，但并没有得出一致的结论。

朱明芬（2010）运用 Logit 模型实证研究了浙江杭州农民创业的影响因素，发现家庭收入对农民创业存在正向影响，即家庭收入越高越有利于农民创业。郝朝艳等（2012）基于北京大学国家发展研究院 2008 年和 2009 年两次"农村金融调查"所获得的微观数据，运用计量方法对农户创业问题进行了研究，发现金融约束对农户的创业行为有着非常重要的作用，在存在金融约束的情况下，农户选择创业的概率随家庭资产水平的提高而提高。而且在规模性农业生产和自营工商业两种选择下，他们更倾向于选择后者。张海宁等（2013）运用多元线性回归和 Probit 模型，结合 CHARLS2008 数据研究了金融约束对城乡家庭创业收入的影响。通过估计财富水平与家庭创业收入和创业收入层次之间的关系，发现家庭财富对家庭创业收入之间存在显著的正相关关系。杨军等（2013）运用 Probit 模型，结合浙江和甘肃 51 个农村社区 870 户农村家庭数据，分析了社区金融资源、家庭融资对农户创业选择的影响。发现家庭财富水平的提高显著促进了农户的创业选择行为，自有财富水平越高的家庭选择创业的概率也越高。张龙耀和张海宁（2013）基于 CHARLS2008 数据分析金融约束对家庭创业行为的影响及其城乡差异。研究发现家庭创业受到自有财富水平的影响，财富水平与家庭创业概率显著正相关。

通过梳理国内研究相关文献，本书发现，国内学者对财富水平与创业的研究结论都得出财富禀赋的增加会显著提高创业的概率，也间接说明金融约束制约了我国的创业活动。但是这些研究大多是基于农民或农户的研究，而农民作为一个特殊群体并不能代表我国整体的真实的创业水平。同时，在这些研究中，这些学者并没有考虑财富水平内生性的问题。正如赫斯特和卢萨尔迪（Hurst and Lusardi，2004）所指出的，财富水平与创业之间可能是存在内生性的，这种内生性导致了变量之间存在交互影响的关系，如果不充分考虑这一问题，其所得出的结论仍值得进一步商榷。

3. 创业与房产文献综述

最新的研究文献中，房产这一重要的家庭财富资源对创业的影响逐渐成为研究者关注的热点。房产既是一种消费品也是一种资产（Piazzesi et al.，2006），它既可以满足家庭的日常需求，又可以作为一种资产为家庭创业融资。2002 年首次家庭财产调查数据显示，在家庭财产收入构成中，金融财产为 7.98 万元，占家庭财产的 34.9%；房产为 10.94 万元；占家庭财产的 47.9%；家庭主要耐用消费品现值为 1.15 万元，占家庭财产的 5%；家庭经营资产为 2.77 万元，占家庭财产的 12.2%。2015 年最新的数据显示，中国家庭总资产中，房产占比高达 69.2%。① 由此可见，随着住房价格的持续走高，房产已成为中国家庭财产中最值钱的资产。在这样的背景下，长期的房价上涨带来的家庭资产的增值必然会影响家庭对投资、消费以及创业等一系列经济行为的决策（吴晓瑜等，2014）。房产和房价波动对创业的影响并不是单调的，一方面，房产不仅可以为创业提供经营场所，而且由于其与金融资产相比，住房资产在家庭之间的分布更为平均（段忠东，2010），住房作为较优质的不动产抵押是创业者从银行获取贷款为创业融资的良好渠道（廖湘岳和戴红菊，2007）；另一方面，创业是解决就业的有效途径，在当前严峻的就业形势下，高企的房价不但使青年人面临成为"房奴"的压力，而且由于过高的创业成本更是窒息了青年人创业的激情（西林召，2007）。因此，房产、房价对于创业的影响是复杂的，有必要对这一影响机制进行深入研究。

由于资本市场的不完善，家庭资产会显著影响个体或家庭的创业行为。丰富的家庭资产可以缓解信贷约束、提高创业概率，这一作用机制在经济学中被表述为"财富效应"（吴晓瑜等，2014）。拥有私有财产会提高创业者贷款可能性，并将之转化为投资私营经济的资本，从而激励创业者扩大风险投资（Besley，1995；Desoto，2000；Acemoglu et al.，2001）。赫斯特和卢萨尔迪（Hurst and Lusardi，2004）利用 PSID 美国数据研究了流动性约束和房产对创业的影响，他们的研究结果显示，房价而非流动性约束是影响美国中小企业创业的重要因素，高企的房价制约了创业行为。费尔利和克拉辛基（Fairlie and Krashinsky，2012）利用 1993—2004 年的人口调查数据进一步研究了流动性约束和房产对创业的影响，发现房价上

---

① 数据来源：http://news.163.com/15/1128/02/B9FO23LF00014Q4P.html，访问日期：2015 年 12 月 30 日。

涨是创业的显著促进因素，房价上升 10% 会使创业概率增加 20%。自主创业选择主要取决于是否利用自有财产获得创业融资（周京奎和黄征学，2014）。王诗一（Wang，2008，2012）研究了我国 20 世纪 90 年代的房改现象，发现通过房改带来的房产的私有化显著促进了创业活动，通过构建一个工作机会模型检验了房地产业促进就业的原因，发现房产是推动创业的重要因素，房改是促进国企员工"下海"经商的重要推动力。刘杰和郑风田（2011）运用 Probit 模型对 2007 年中国农户的截面数据进行实证分析，考察了流动性约束对农户创业选择行为的影响。研究结果表明，流动性约束对中国农民是否选择创业和创业类型产生抑制性作用，而房产价值与家庭具有的信贷能力具有高度的正向关系。林嵩（2012）研究了房地产行业对创业活动的挤出效应。他提出了三个假设：第一个假设，房地产行业的超常规发展，会吸引更多的资金投入进来，从而减少了其他行业的投资；另外，房价过高，人们将更多的资产用于购房，从而削减了创业等其他经济活动。第二个假设，房价的飞涨使房地产投资成为高盈利活动，相对来讲，创业活动合面临潜在的风险和消耗大量的人力物力，而创新失败风险非常高，两相比较必然影响潜在创业者的主观评价。第三个假设，创业还受到创业资金的影响，受房地产业超常规发展带来的超额利润的影响，一些针对创业和中小企业融资的金融中介、组织机构等，可能会将资金投向房地产行业，造成创业者和中小企业融资难度加大，影响创业活动。基于以上三个假设，他利用我国 2005—2009 年的面板数据，进行了实证分析，得出房地产对于创业活动的"挤出效应"主要是房地产价格的作用的结论。认为过高的房价不仅使居住成本上升，而且也会使资金过多地流向房地产行业，不利于创业活动的开展。吴晓瑜等（2014）通过构建职业选择模型实证研究了房价上涨对有房人群和无房人群创业决策的影响，他们将房价上涨对不同群体创业行为的影响分离为"财富效应""信贷效应"及"替代效应"，发现对于无房群体而言，房价上涨抑制了他们的创业行为。但对有房群体而言，房价上涨对创业的影响并不确定。他们认为造成这一结果的原因是，对于有房群体而言，房价上涨对创业的影响既存在正的"财富效应"和"信贷效应"，但同时也产生负的"替代效应"，使他们转而将财富投资到房地产等其他行业，三者相互作用形成的总的影响并不确定。周京奎和黄征学（2014）运用理论模型与实证分析相结合的方法从短期和长期角度分别研究了住房制度改革、流动性约束对创业选择的影响。他们利用城市住户调查数据构建了动态创业选择模型检验了住房制度改革对创业选择的影响，发现住房制度改革缓解了流动性约束，从而提高了职工选择创业的概率，且这一影响呈现出长期与短期并存的特征。相比从事其他职业的个体或家庭，那些拥有较高专业技能、就职于政府机构和事业单位、拥有中级职称的职工的创业意愿更高。以上学者从房价的角度研究了住房对创业的影响，但是他们并没有考虑预期这一重要因素，事实上，人们对未来的不确定会促使他们对未来经济发展形成一定的预期，进而影响人们的经济活动决策。随着房地产市场的迅猛发展，人们势必对未来房价产生一定的预期，而这种对房价的预期会否影响个体的创业选择，也是值得关注的问题。蔡栋梁等（2015）运用CHFS2011数据对家庭创业问题进行了研究，并实证分析了住房及房价预期等因素对家庭创业的影响，发现在存在正规信贷约束的情况下，自有住房使家庭创业的概率提高2%，房屋价值每升值1万元使家庭创业的概率提高0.3%。对于拥有住房的家庭，预期房价上涨使家庭创业的概率减少23.9%。研究结论是住房和房价预期对家庭创业的影响是复杂的，自有住房和房屋价值通过财富效应增加家庭创业，而房价预期通过挤出效应和替代效应减少家庭创业。

通过以上梳理，本书发现房产对创业的作用机制主要表现在以下几个方面：

1. 财富效应

由于我国金融体系目前并不完善，银行抵押贷款是创业融资最重要的渠道。对于拥有住房的家庭或个体来讲，如果房地产价格上涨，可以用升值的住房申请更高额度的贷款，获得更大的流动性。银行根据即期房地产价格对房产进行评估，带来可贷资金额度增加，因此房价上涨通过影响房产价值一定程度上会产生促进创业的直接影响。相反，在房价下降的情况下，银行通过实时评估住房资产，会要求贷款者提供更多的信贷保障，从而加大了对家庭的流动性约束，抑制了创业的积极性。

2. 替代效应

如果房价上涨，对于拥有房产的家庭或个体来讲，净财富增加带动消费增加。黄静和屠梅曾（2009）利用家庭微观调查数据，研究了房产与消费的关系，发现房地产财富的增加会显著提高对居民消费水平，房地产财富效应的弹性系数为 0.08—0.12，即住房财富每增加 1%，耐用消费品增长 0.08%—0.12%。丁攀和胡宗义（2008）通过扩展 Lettau – Ludvigson 模型分析了我国房地产市场与居民消费之间的关系，得出结论是，房地产市场与居民消费之间存在着较高的正相关关系。（相对于拥有房产的家庭或个体，上涨的房价及持续高企的房价增加了无房产家庭或个体购房的难度，只能使他们节衣缩食减少消费，增加储蓄。）如果创业可以看作投资的一部分的话，在自有财富一定的情况下，由于消费和投资是此消彼长的关系，消费的增加，必然会导致投资（创业）的减少。

3. 挤出效应

在房价持续走高的情况下，除了经济发展、城市化运动和旧城改造等引起的中低收入群体的消费需求外（王三兴，2007），高收入群体的投机需求也在不断增加。投机需求是以未来的盈利为目标的。而房价上涨就成了房地产投机需求的催化剂（平新乔、陈敏彦，2004）。对于那些已有住房的家庭或个体来讲，房地产资产价格上涨意味着房地产投资的回报率较高，进入房地产市场的投机需求也就越多，在这种高回报率的诱惑下，他们很可能加入投机房地产业的行列，就会挤出一部分的其他经济行为如消费、创业等，因此，由于房价上涨而产生的房地产市场的投机需求就可能间接挤兑了创业行为。

4. 信心效应

对于拥有住房并有创业动机的家庭或个体来讲，房地产市场的活跃与否与创业者的信心有一定关系。房地产价格的变化是经济运行状况的指示器。在一定程度上，房价上涨反映了经济运行态势趋于复苏或高涨，这就意味着未来家庭或个体的收入和财富会有增加。因此，创业者的创业信心增加，从而激发创业热情。

5. 关联效应

创业还可能受到房地产业关联产业景气与否的影响。房地产业是国民经济的重要支柱之一，产业链较长，与 57 个产业存在着直接与间接的联系，对商品市场和要素市场的影响非常重要，对经济发展发挥着举足轻重的作用（申晓峰，2007）。因此，房地产业在整个产业链中的影响是非常全面的，具有"牵一发而动全身"的影响力，房地产是国民经济的一个确切无误的支柱产业，如果创业的领域处于房地产产业链上，房地产业价格的波动，影响到房地产商的利润，如果利润下降，房地产商将相应地减少投资或延缓投资，而与之相关联的产业将会受到冲击，创业者也会减少其在相关产业中的创业行为。反之，则会增加相关产业创业者的积极性。

房地产价格的波动可以通过对拥有的房产价值进行重新估计而影响自有的财富水平，进而对创业产生一定的影响。因此，在当前我国新一轮的经济改革形势下，研究房价波动、房地产对创业的影响，具有一定的理论和现实意义。

（二）创业与社会网络资源的相关文献

社会网络是指社会个体之间、个体与组织之间、组织之间通过互动和联系而形成的相对稳定系统。由于要素市场的不完全流动性，以及资源异质性，使很多资源无法通过市场交易获取。因此，企业生存发展就会出现资源与发展目标的战略差距，企业为了生存必须与它所依赖的环境中的其他因素进行互动，以通过获取外部资源来满足企业自身发展的需要。事实上，从创业开始到企业的成立以及后续的发展，社会网络一直发挥着重要的作用。自伯利（Birley，1985）、奥尔里奇和齐默（Aldrich and Zimmer，1986）将社会网络这一重要的社会资本引入到创业中之后，学者们逐渐将社会网络作为解释复杂创业现象的重要工具之一，并受到广泛关注（Brüderl and Preisendörfer，1998）。而伯特（Burt，1992）又将社会网络研究从个人层面延伸到企业层面，提出了"结构洞"理论。由于结构洞的存在，一些企业家通过联结组织之间的隔断关系，获取企业所需的资源，企业通过不断占据结构洞的方式是实现资源获取的有效途径。依据社会网络理论的核心内容，学者们主要从社会网络联结、社会资本角度阐述社会网络对创业的影响。

1. 社会网络的联结与创业

本质上讲，创业是一种网络化的活动。是个体通过编织、维持和利用关系网络来获取创业所需资源的行为过程（Larson et al.，1993）。社会网络是获取创业机会和创业信息的重要途径，在创业过程中，创业企业之间、创业者之间都存在着资源相互依赖的关系，而资源通过关系网络与其他创业者或创业企业产生联结，并在关系网络中不断流动。通过关系网络中个体之间的交往和交流，创业者可以获取市场信息，发现创业机会（Hills et al.，1997）。因此，社会网络为资源获取提供了渠道，甚至社会网络本身也是资源的一种。社会网络促进创业机会识别的结论已被大量的文献论证（Ardichvili et al.，2003），创业者通过人际关系网络，不仅可以降低获取资源的成本，而且还能提高获取资源的概率（Hansen，1995）。

伍德沃德（Woodward，1988）研究认为，成功的创业者会花费大量的时间和精力去经营社会网络关系，个体的社会网络特性显著提高创业的概率。约翰尼森（Johannisson，1988）利用瑞典企业的截面数据研究了个人网络关系对企业投资行为的影响，研究认为，企业家获得成功的关键是培养和维护社会网络的能力。新创企业家通过网络关系可以获取企业管理的资源，企业家活跃的社会行为有助于其商业投资，说明社会网络对创业存在积极影响。巴伦等（Baron et al.，1999）对创业者的社交能力进行了研究，指出良好的名誉和广泛的社会网络对创业存在积极的影响。因此，创业者所拥有的社会网络在他们建立和发展企业的过程中扮演着积极的角色，他们可以通过社会网络可以获取充足和及时的资源。詹森等（Jenssen et al.，2002）通过挪威 100 个创业者的调查数据研究了企业家社会网络对资源调用及其创建新企业的影响，发现社会网络促进了新企业的创建，创业者通过个人网络的强联系获取创业信息，并通过弱联系为创业筹集资金。格里夫和萨拉夫（Greve and Salaff，2003）研究发现，不同的创业阶段对应着不同的社会网络，在创业动机形成阶段，创业者更多地通过社会网络探讨创业的意愿和可行性；当创业计划开始实施以后，创业者尽可能联系那些可以为他们提供创业资源的人；而当进入产品生产和运营阶段，创业者会通过关系网络寻找资源的供给者和产品需求者。朱利恩等（Julien et al.，2004）对运输设备制造业中的 147 家中小企业进行了调查研究，发现关系网络通过企业的吸收能力对企业创新绩效有着重要的影响。莫勒等（Maurer et al.，2006）通过利用 6 家德国生物技术企业的案例研究了社会网络对创新的影响，发现紧密的科研网络有助于成员之间提高信任和规范，从而促进了成员之间的交流和学习，在种关系网络交流中，提高了新知识的涉取，为识别创业机会提供了可能。詹科夫等（Djankov et al.，2006）利用 7 个城市 2000 个受访人的数据，通过实证方法对比了中国和俄罗斯的创业问题，研究结果发现相比于非创业家而言，中国和俄罗斯创业家拥有更多的家庭成员、朋友等，在俄罗斯，创业者具有较好的受教育背景，并且他们的父母更多的是共产党员；而对于中国的创业者，他们更富有冒险精神，具有较高的物质追求的渴望，同时他们也拥有更多的朋友，通过他们的对比研究，说明在中国，社会网络对创业起到显著的促进作用。

社会网络为当前中国经济转型发展提供了重要的资源获取途径。由于关系网络具有多样性、复杂性的特点，决定了其在企业发展的不同阶段产生不同的作用（Guo and Miller，2010）。姚咏仪和刘仲明（Yiu and Lau，2008）及罗亚东等（Luo et al.，2012）分别指出，在网络关系的多种类别中，企业之间的商业关系和政治关系对企业发展具于重要作用，其中，商业关系可以提高企业的商业机会识别概率，也能为企业带来如技术、信息和知识等其他资源。而企业与政府之间建立的政治关系则有助于企业获得政策上的扶持、企业政治地位的合法性以及提高市场信誉。

李路路（1995）分析了私营企业中的企业家社会网络对企业发展的影响，强调了社会网络对中国社会结构变革的重要作用。指出私营企业家可以通过与亲朋好友之间建立的关系网络中获取企业发展必需的资源，私营企业家的社会网络是获得资源和成功的重要渠道。马丽媛（2010）基于新兴第三产业上市公司数据，从纵向关系网络、横向关系网络和社会关系网络三个维度界定了企业家社会资本，对如何测量社会网络提出了见解，并选取衡量社会网络的指标实证研究了社会资本对企业绩效的影响，从而发现横向关系网络、纵向关系网络和社会关系网络对企业绩效的影响表现差异，具体表现为横向关系网络和社会关系网络与企业绩效存在正相关关系，而纵向关系网络（政府关系）与企业绩效之间的关系是负向的。马光荣和杨恩艳（2011）利用2009年中国农村金融调查数据，实证研究了社会网络、非正规金融对农户创业的影响发现，拥有更多社会网络的农户，可以通过获得更多的民间借贷机会，为农户创业提供更多的资金支持，因此拥有更多社会网络的农户其选择创业的概率更高。郭云南等（2013）研究发现，通过广泛而密切的宗族网络，可以拓展农民的融资渠道，进而促进了农民自主创业的概率，这一结论与马光荣和杨恩艳（2011）的研究结论相似。高静和张应良（2013）基于518份全国创业农户的调查数据，运用多元有序 Logistic 和 Probit 方法研究了社会网络对农户识别创业机会及创业机会属性的影响。研究发现农户社会网络的规模正向影响农户识别创业机会的概率，即农户潜入社会网络的规模越大，其选择创业的概率越高。

2. 社会资本与创业

社会资本存在于个体之间形成的关系网络中，这种个体之间的关系是一种非常重要的资源，可以为群体提供一切有价值的资源（Bourdieu，1986）。贝克（Baker，1990）指出，个体在特定社会结构中获得的社会资本，是获取经济利益的重要资源和途径。由此可见，社会资本主要来源于个体之间的网络关系，群体之间编织的社会关系网络在"互通有无"的方式下，个体可以获得更多的资源。詹姆斯·科尔曼（James Coleman）从理论上对社会资本进行了全面界定和分析。企业作为社会经济活动中的重要参与者，不可避免地会产生企业内部与企业之间的各种联系，这正是社会资本的具体表现。社会资本不仅是获取资源的重要途径，更是企业生产经营活动的重要资源。社会资本作为一种重要的创业资源，在提高创业者发现创业机会能力的同时，也可以使创业者更倾向于透过熟人网络进行创业融资。同时，社会资本也对其他各类创业资源的获取存在明显的促进作用（刘兴国等，2009）。林博文（Bou‐wen Lin，2006）以台湾高科技新创企业为样本，研究了企业家社会资本与创业战略的关系发现，社会资本对创业战略存在显著影响，成功的企业家根据其社会资本和能力调整创业战略。

中国是一个传统的关系型社会，社会资本对人们的日程生活和社会经济地位有着举足轻重的影响力（Yang，1994；Bian，1997；马光荣、杨恩艳，2011），不仅如此，社会资本也是经济学和社会学研究中的重要概念（郭云南、姚洋，2013）。社会资本丰富的家庭或个人可以通过信息分享或减少机会成本获得更大的经济利益。因此，在创业研究的文献中，社会资本也是学者们关注的重要因素之一。我国的创业活动由于受到独特的制度、市场和文化的多重影响（蔡莉、单标安，2013），如政府在稀缺资源方面的绝对控制力，以及资本市场不完善（Li et al.，2008），使得社会资本在企业发展中起到举足轻重的作用，社会资本可以弥补正式制度的不完善。一方面，社会资本可以为企业生产经营活动提供资源基础；另一方面，社会资本也可以为企业获取资金、技术、信息、政策等其他资源提供了重要途径。

张玉利等（2008）从创业机会角度研究了社会资本对创业的影响，发现广泛、多样和亲密的社会交往关系，提高了创新型创业机会识别的概率。而缺乏经验的创业者，难以借助更广泛的网络联系来发现创新性机会。杨俊和张玉利（2008）通过构建理论模型研究了社会资本、创业机会与创业初期绩效之间的内在联系，发现创业者利用社会资本的水平和方式影响着企业创业初期的绩效，社会资本的利用水平主要体现为关系网络的强度和质量上，社会资本利用水平通过影响企业资源的整合效率，进而影响创业绩效。社会资本的利用方式主要体现在对资源的开发方式和探索方式上，在社会资本的利用方式与创业机会特征相互作用下，共同影响企业创业初期的绩效，并得出社会资本广度和深度正向影响着创业机会的结论。刘兴国等（2009）定性分析了民营企业创业者创业机会的识别与利用、创业融资问题，社会资本拓展了民营企业的融资渠道，有利于提高民营企业创业者发现创业机会的能力，同时也有助于民营企业创业者评估与利用创业机会。马文彬（2009）对企业成长中的企业家社会资本进行了研究，通过研究发现在企业发展过程中，企业家社会资本不仅有助于市场机会的把握，而且也能够降低企业经营风险，同时也推动了组织生产经营等方面的创新。张广胜和柳延恒（2014）基于辽宁省三类城市的 656 名在城务工新生代农民工数据运用二元 Logistic 模型研究了社会资本对农民工创业的影响，发现以外出打工情况和社会关系等指标衡量的社会资本对新生代农民工创业意愿存在正相关影响。

通过梳理已有文献，学者们从不同的角度，运用不同的方法对社会网以与创业影响这一命题进行了大量的研究，社会网络是影响创业的重要因素这一结论已在学术界达成共识。在丰富了相关创业研究的同时，我们也注意到，这些研究还存在进一步改进的地方，社会网络对创业的影响启示来源于社会网络理论形成之后，随着创业研究的逐渐深入，学者们发现，社会网络在创业过程中同样发挥着重要的作用。但是就目前已有的社会网络与创业研究文献来看，本书认为还存在以下问题：（1）对社会网络和社会资本的区别还没有得到清晰的认识和界定，存在将社会网络和社会资本混淆研究的现象，从社会网络理论发展来看，社会网络包含三个核心理论，分别是强联结与弱联结关系、社会资本理论、结构洞理论。事实上，社会资本是嵌入社会网络中的，社会资本是个体或组织之间相互联结的关系，而社会网络是这一关系的组合。对概念的混淆造成了社会网络与创业研究中也存在指标选择不恰当的事实。（2）已有研究只讨论社会网络对创业的影响和作用，还缺乏对社会网络影响创业的机制的研究，深入探究社会网络对创业的内在影响机制，对创业资源研究的深入开展具有深远的影响，因此，有必要对社会网络影响创业的内在机制进行详细剖析和论证。

（三）创业与人力资源的相关文献

自德鲁克（Drucker，1954）在其著作《管理实践》中首创"人力资源"一词，并且指出"和其他所有资源相比，人力资源唯一的区别就是人"。随着学者们深入研究，人力资源的概念和内涵不断丰富。贝克尔（Becker，1975）把创业者掌握的一般知识和能力定义为创业者人力资源。人力资源对创业具有重要影响，是创业成功的驱动力之一。创业者借助人力资源可以获取资金、知识、技能等其他资源，并决定着新创企业未来的发展目标。随着知识经济时代的到来，人力资本对创业的影响越显重要。

随着人力资源研究内容的不断丰富和完善，学术界产生了一批人力资源与创业的相关研究文献。尤其是，舒尔茨（Schultz，1960）、贝克尔（Becker，1964）把人们在人力保健、教育、培训等方面的投资，使个体获得经验、知识和技能，定义为人力资本之后，形成了人力资本理论，使得人力资源方面的研究更加深入和细致。一般而言，人力资源是管理学范畴的概念，而人力资本是经济学范畴的概念。人力资源和人力资本都是以人的能力为核心的在不同环境的共同体现，杨继瑞（2005）研究表明人力资源和人力资本具有的共同性、依存性、互动性的特点，因此两者之间具有非常密切的内在关系，也就决定了两者在许多场合下可以通用。下面主要梳理人力资源与创业相关文献，认为目前学术界关于人力资源与创业的研究主要集中在以下两个方面：

1. 人力资本对机会识别的影响

在创业机会识别理论研究中，许多学者注意到人力资本对机会识别的重要性，对创业家而言，以创业知识、经验和技能为主要内容的创业经验是创业家人力资本的重要组成，对创业活动的开展具有重要影响。创业经验是创业家在实践和学习中获取的与创业直接相关的显性和隐形的知识，研究表明经验对创业家识别商业机会，实施具体创业行动具有重要的帮助作用（Davidsson and Honig，2003）。尚恩（Shane，2000）、谢普德和德蒂纳（Shepherd and De Tienne，2005）等对先前知识和经验的研究指出，个体先前经验和知识对机会识别具有重要作用，可以帮助个体识别新机会的价值，这一研究强调了人力资本对创业机会识别存在相关性。贺小刚（2006）指出创业者的人力资本是对市场变化作出及时反应的能力，得出人力资本有助于创业者识别潜在的创业机会。张玉利等（2008）研究了在创业机会识别过程中，创业者先前工作经验和创业经历的作用机制，通过构建交互效应模型发现先前经验通过调节社会资本促进创业机会的识别，指出创业者的创业经验越丰富，就越容易通过社会网络发现创业机会。张帏和陈琳纯（2009）的研究也认为，创业者的人力资本在机会识别和早期开发阶段发挥着明显的作用。阿迪奇维力等（Ardichvili et al.，2003）通过构建市场机会识别模型研究了创业机会识别和发展问题，发现创业者警觉性越高，其识别市场中创业机会的能力越高且成功率越高，说明创造力和市场知识等人力资本对识别机会的重要作用。埃克哈特和尚恩（Eckhardt and Shane，2003）的研究强调了人力资本对机会识别的作用，指出更高水平人力资本可以最大化地发掘创业机会的价值。尚恩和库拉纳（Shane and Khurana，2003）同样得出与以上研究一致的结论，认为拥有较高水平人力资本的创业者可以充分利用自有知识和技能去识别和开发机会，从而降低了价值的不确定性。

由此可见，拥有一定人力资本的潜在创业者，可以利用自身具备的知识、技能、经验等能力甄别出符合自身利益最大化的机会，从而可以提高创业成功的概率。以上学者都认为先前知识有助于创业机会的识别，但先前知识也会限制创业者识别机会的方式，一定的经验和知识，会使创业者形成较为稳定的识别模式，从而忽视了其他重要的创业机会。因此，以先前知识的为代表的人力资本对创业的影响并不是单调的。

2. 人力资本对企业创立与绩效的影响

项保华和刘丽珍（2007）研究指出人力资本不能像非人力资本那样在完全静态下以货币形式加以量化，而是需要在动态过程中通过对绩效的评价加以确定。马塔（Mata，1996）将年龄、工作经验、教育水平作为人力资本变量的代理变量研究了葡萄牙创业企业中创业团队的人力资本问题。发现工作经验、教育水平对新创企业的规模有显著的积极影响，创业者受教育水平越高、年龄较成熟，其所创企业规模越大。阿斯特布罗和本哈特（Astebro and Bernhardt，1999）基于1987年美国986个企业的1194名员工的微观数据研究了新创企业资本的决定因素，发现人力资本对创业初始资本存在显著的促进作用，并对缓解金融约束有积极作用。科伦坡等（Colombo et al.，2004）参考了马塔（Mata，1996）和阿斯特布罗和本哈特（Astebro and Bernhardt，1999）研究后，基于391家由意大利"80后"和"90后"创建的科技型企业数据，运用相似的方法研究了创业团队的人力资本对科技型新创企业规模的影响，发现特定的专业知识、管理才能与创业经历等是影响新创企业竞争力的关键资源。斯奈拉（Siqueira，2007）利用美国2000年人口普查数据研究了人力资本对移民创业的影响，发现拥有高中学历的个体更倾向于创业，而拥有大学文凭的个体较高中学历个体其创业的概率更高，证明了人力资本对创业有显著促进作用的结论。理论上，创业者人力资本有一般性和专业性之分，可将个体受教育背景、以往的工作经验及个性品质特征归列为一般性人力资本；而与特定产业相关的知识、技能和经验则可认为是专业性人力资本（龚军姣，2011）。马弗尔和伦普金（Marvel and Lumpkin，2007）研究发现，创业者的产业经验、职业经验和创业经验对促进新创企业发展具有积极作用。谢普德等（Shepherd et al.，2000）的研究也得出了相似的结论，指出创业经验有助于提升创业企业的存活率，并能够使创业者精准把握市场动向，为创业者决策提供帮助。而阿曼龙等（Amaral et al.，2011）的研究却与以上研究产生了不一致的结论，他们利用1986—2003年纵向匹配的雇主—员工数据研究了人力资本对创业的影响，发现人力资本对创业的影响并非单调，一般性的人力资本对创业有负向影响，而专业性人力资本对创业存在积极影响。科伦坡和格里利（Colombo and Grilli，2005）研究指出，创业者通过教育获得的知识水平越高，企业绩效就越高。施丽芳和廖飞（2014）提出了人力资本影响创业家对行动内生不确定的承受意愿，进而作用于企业成长期望的假设，并基于美国PSED Ⅱ数据对这一假设进行了验证，发现创业家的不确定偏好及资源不确定感知越强时，人力资本价值与创业经验对成长期望的正向作用越显著；当创业经验存在差异时，资源不确定感知对人力资本价值与企业成长期望之间关系的调节作用将发生改变。赵浩兴和张巧文（2013）指出健康也是衡量人力资本的重要指标，他们通过发现研究，以健康为衡量指标的人力资本同样对新创企业绩效产生重要影响，健康人力资本是开展创业活动的基础，企业发展和优异的绩效对健康人力资本提出较高的要求。张广胜和柳延恒（2014）研究发现，代表人力资本的变量对创业影响存在差异性，受教育水平显著提高了农民工的创业意愿，培训对创业意愿的影响呈显著负相关。高健（2007）利用1996—2006年面板数据对人力资本对创业的影响进行了研究，发现人力资本对地区创业水平存在显著促进作用。

另外，在讨论人力资源与对创业的影响时，不能忽视技术这一重要资源与人力资源的关系。员工的知识、技术能力和水平是将各要素有机整合起来发挥出最大生产率的重要保障。如果将技术看作潜在创业者自身拥有的技能，其掌握一定的技术之后再做出创业的决定，则可把技术看作一种最为重要的基础资源，同时有些技术是通过学习、培训和经验积累形成的，是在创业过程中通过日积月累体现在人力资本中的一种特质，因此可将这类技术划归为人力资源之中。

国内外学者对技术资源在创业中的作用进行了大量研究。库柏（Cooper，1983）对技术资源进行了如下描述：技术资源是企业通过技术选择、改进，进而形成的新技术的资产与能力，这种技术的形成具有内生性。并指出成熟的技术资源直接影响着新产品的创新模式。舍内克和斯旺森（Schoenecker and Swanson，2002）对技术资源如何测度进行了研究，指出技术资源对新产品开发的绩效具有显著促进作用。顾桥（2004）指出技术资源是企业竞争能力提升的关键，企业间差异的技术资源是影响企业竞争能力的决定性因素。秦剑（2011）指出技术资源有助于提高新产品的技术性能和属性，并通过销售这些具有卓越品质的产品获取商业利润。并指出技术资源是产品创新的重要源泉和竞争取胜的关键要素。

通过梳理文献发现，已有文献对人力资本与创业的研究，主要集中讨论以下几个方面：（1）对创业机会识别和创业成长绩效的研究较多，但缺乏从资源的角度，研究人力资源对创业的重要性。（2）在定量研究中，一些学者从人力资源的某一个角度讨论人力资源的重要，而缺乏对代表整体人力资源变量与创业选择的影响研究。（3）技术要素是人力资源的重要体现，是个体通过日积月累的体现在人身上的一种特质，因此，是人力资源的重要因素。技术资源是创业组织得以生存的前提和必要条件，也是创业组织的核心竞争力，可以说，技术资源是创业组织市场竞争力和获取经济利益的根本因素。学术界对技术资源与创业的影响进行了大量的研究，而技术资源在促进创业，提升企业竞争力方面发挥着显著的积极作用。因此，还需要从创业选择的角度，深入研究人力资源对创业的重要性。在这一基础上，本书选择衡量人力资源的受教育水平、培训、健康等代理变量研究人力资源对创业选择的影响，同时，技术要素的重要性也是人力资源对创业研究的重要内容。因此，在这一基础上，本书选择相关的变量指标对技术资源对创业的影响进行了详细探讨。

四　本章小结

本章通过对创业机会理论、创业周期理论、资源基础理论和资源依赖理论进行梳理和归纳，为全书奠定了扎实的理论基础。创业是创业者通过捕捉机会的能力，实现各种资源的创新组合，同时在承担风险的情况下创建新组织并创造价值的过程。创业机会的来源、创业机会的识别和创业机会的开发构成了创业机会理论。企业生命周期理论和产业周期理论构成的创业周期理论指导着创业的整个过程。资源基础理论从拥有稀有、独特、难以模仿的资源和能力角度，研究了资源对企业竞争与成长决策的重要作用。而资源是稀缺的，创业企业为了获取所需资源，就需要与外部环境互动，这就是资源依赖理论研究的主要内容。

通过梳理既有文献，国内外学者从不同角度对创业进行了研究，不管是发达国家还是发展中国家或新型经济体，创业对经济增长有显著的促进作用。由于流动性约束是各国普遍存在的问题，也正是因为流动性约束的存在，在影响创业的因素研究中，自有财富成为潜在创业者开展创业的重要影响因素，自有财富可以为创业提供初始资本来维持创业初期的经营运作。在中国这样一个具有特殊国情的国家里，随着经济体制改革的不断深入，住房制度改革带来的房产私有化影响了家庭的资产组合，在房价不断高企的时期，房产已成为衡量中国家庭财富的重要指标，住房的双重属性对创业的影响日益成为学术界关注的焦点。社会网络是指社会个体之间、个体与组织之间、组织之间通过互动和联系而形成的相对稳定系统。社会网络是平衡现金流，弱化流动性约束的重要手段（杨汝岱等，2011），因此社会网络通过改善创业者的融资渠道来促进创业活动的开展。社会网络主要研究关系的强联结与弱联结、社会资本和结构洞。社会网络理论认为，个体或企业之间的强联结不易获取资源，反而会产生信息冗余，资源主要在社会网络的弱联结关系之间流动。自科勒曼（Coleman，1988）、普特南（Putnam，1993）等人先后提出社会资本理论之后，研究者逐渐意识到社会资本对经济社会发展的重要性。林南（Lin，1999）指出，社会资本是从嵌入于一种社会网络的资源中获得的。在创业过程中，除了其他资源对创业发挥重要作用外，人力资源对创业的影响更加不容忽视。人才是推动创业健康发展的力量源泉（关晓丽，2014）。人力资源通过影响创业机会识别、创业企业绩效以及社会资本等成为现代企业可持续发展的关键资源。创业者对新企业的创建和成长一直扮演着至关重要的角色，随着知识经济的兴起，人们逐渐发现创业者的人力资源特质在创业过程中发挥着越来越重要的作用。

从已有文献梳理来看，学者们对创业资源对创业的影响还没有形成统一的定论，而主要原因是：（1）对创业变量指标选取存在差异，不同的学者在对创业指标进行构建时，存在一定的差异性。而导致这一现象的原因是对创业概念界定的不统一。（2）并且在实证过程中没有考虑创业资源的内生性问题。变量的内生性问题可能导致变量之间产生交互影响，而这就有可能导致实证结果出现偏差。正是由于以上两个方面的原因，本书在接下来的章节中，重构创业资源体系，详细分析资源对创业的重要影响。在此基础上，运用工具变量法实证研究资源对创业的影响，并以期丰富相关理论。

第三章　我国创业概述

自市场经济改革目标确定之后，我国创业浪潮不断涌现了一大批非公企业。经过 30 余年的发展，非公企业逐渐成为促进就业、拉动经济发展的主力军。因此，回顾我国的创业发展历程，梳理创业发展脉络，为分析创业型经济的重要作用，开展创业理论研究，提供了重要的现实依据。

一　创业研究相关界定

（一）创业概念

在我国，据记载"创业"一词最早出现于战国时期的《孟子·梁惠王下》："君子创业垂统，为可继也"（张明兴，2005）。意指有德的君子创立功业，可以流传给后代子孙。而在诸葛亮的《出师表》中，也有"先帝创业未半而中道崩殂"这样的语句。由此可见，最初的创业指的是世代相传的帝王基业。而国外学者们对于创业现象的研究可以追溯到 18 世纪中期，当时的学者如坎蒂隆（Cantillon）、萨伊（Say）、马歇尔（Marshall）、奈特（Knight）就提出了对于"创业"的一些认识和富有启迪性的阐述。经历了近 3 个世纪的发展，"创业"依然是当今学术界以及实业界关注的热点。随着时代的变化和发展，以及政府和社会各界对创业的密切关注，研究者为"创业"赋予了更广泛的含义。但由于学者们对于"创业"的研究各有侧重，对"创业"这一概念的阐述至今仍各持己见，莫衷一是。本书梳理了国内外学者关于创业的定义，具体见表 3 - 1。

表 3 - 1　　　　　　　　　　　　　创业定义汇总

学者	年份	定义
Knight	1921	创业是一种能力，创业者可以利用这种能力成功地预测未来
Schumpeter	1934	创业就是创新的过程，创业者的创新活动就是使用和执行新生产要素的组合，通过"破坏性均衡"实现新的均衡
Cole	1968	创业是企业经历发起、维持和发展等一系列过程的行为，其目的是获取经济利润
Kirzner	1973	创业是创业者通过自身能力正确地预测下一个不完全市场和不均衡现象发生在何处之后，进行的一系列套利行为
Vesper	1983	创业是开展独立的新业务
Gartner	1983	创业是建立新组织
Stevenson et al.	1989	创业是追踪和捕获机会的过程，而不是已控制资源驱动的创业
Gartner	1990	创业是创业家个人特质与创业行为相互作用的结果。创业家的个人特性主要变现为人格特征、创新精神、谋求发展等；而创业行为主要包括创造价值、追逐利润，成为企业所有者和管理者以及创建组织等
Weber	1990	创业是创业者在衡量经济风险和收益之后，接管和组织经济体的某一部分，通过交易产品或服务来获取经济利益的活动
Shane，Venkataraman	2000	创业包括创造价值、创建并经营一家新的盈利型企业以提供新的产品或服务满足市场需求的过程
Drucker	2002	创业是通过创新并能创造价值的活动
林强等	2001	将创业研究集中于创新这一角度，并强调了创业过程的风险性

学者	年份	定义
张健等	2003	创业内涵包括开创新业务、创建新组织、利用创新这一工具实现各种资源的新组合、通过对潜在机会的发掘而创造价值
林嵩	2007	创业本质上是一种创造新价值的活动。广义上讲，创业不拘泥于新企业的组建，也包括企业内部开展的新业务
姚梅芳	2007	创业是通过资源整合和利用以创造商业价值的过程
辜胜阻等	2008	创业是通过创建新组织和开创新业务实现资源的重新组合，在承担风险的情况下通过捕捉机会来创造价值

资料来源：笔者通过对相关文献整理而得。

综上，可以看出学者们对于创业的定义主要集中于以下几个关键词：创业者过程；个人特质；能力；机会；创新；资源整合；风险；创造价值等。

首先，创业是一个过程。创业起始于创业想法，成型于企业成立。这其中需要创业者经历对创业的渴望，制订生产经营计划、市场营销计划、组织计划、财务计划等。创业的每一步中又包含着其他步骤，环环相扣、相辅相成、不可分割，只有将每一步骤有机集成才可能实现成功的创业，因此，创业是一个从无到有、从弱到强、从幼稚到成熟的发展过程。

其次，创业是一种生产活动。创业活动是各种资源要素集成互补的过程，而产品或服务是创业的直接结果。并且，其生产的产品或服务要满足市场的需求，因此创业是一种生产活动。

最后，创业具有创新发展的特性。创业是一种创造或革新，发展是创业企业的重要任务，而创新是创业发展的关键因素，是实现经济健康发展的重要驱动力。[1]

---

[1]　雷霖、江永亨：《大学生创业指南》，中南大学出版社 2001 年版。

　　基于以上分析，结合我国的创业环境以及创业表现的特征，本书对创业概念进行如下表述，即创业是创业者通过自身能力捕捉机会，实现各种资源的创新组合，同时在承担风险的情况下创建新组织并创造价值的过程。概括地讲，个体或家庭的创业选择可以分为三类，分别是工资性雇佣者、自我雇佣者和创业家。显然，自我雇佣者和创业家是存在一定差异的。本书认为，自我雇佣者中包含创业家，而创业家不论是在能力和自我雇佣水平上都要高于自我雇佣者。街头摆摊的小商小贩是一种自我雇佣形式，阿里巴巴创始人马云的商业经营也是一种自我雇佣，但二者之间显然存在一定差距。从某种意义上讲，自我雇佣是创业的前期积累，而创业是自我雇佣的高级形式。而在实证研究中，笔者结合 CHFS2011 数据调查的特点，创业指标的选择更倾向于自我雇佣型的创业活动，即关注的创业主体主要为家庭或个体。

（二）创业类型分析

　　学者们基于不同的研究视角对创业进行分类，因此，在学术界形成多种创业分类方式，较为常见的主要有以下几种：

　　1. 基于创业动机的 GEM 创业分类

　　GEM（全球创业观察报告）按照创业者开展创业活动的不同动机，把创业活动划分为生存型创业和机会型创业两种类型。GEM（2002）对那些没有找到合适工作的个体而进行的创业活动称为生存型创业；机会型创业是指受商业机会的吸引而从事的创业活动。GEM（2003）进一步补充了 GEM（2002）中对生存型创业和机会型创业的定义。并从创业主体的意愿方面，强调生存型创业的创业主体并非自愿选择创业这一要点；而机会型创业的创业主体在创业与其他就业方式进行选择时，更倾向于选择创业。GEM（2005）则在已有研究基础上，强调了生存型创业与机会型创业的区别，指出机会型创业者会在具备一定的经济基础之后选择创业，突出了经济资源的对创业的基础作用。认为这种基于资源基础的创业更具竞争力和可持续发展的潜力。

　　另外，依据不同的创业动机，又可将创业划分为机会型创业、贫穷推动型创业、混合型创业三类。第一类为机会拉动型创业。这一类型的创业主体通过对商业机会的正确把握，将创业作为实现自我价值、追求理想等目标的手段，而这一内心的强烈愿望来自个人的偏好。第二类为贫穷推动型创业。这种创业类型并不是一种个体自愿行为，而是个体内心为了摆脱贫穷，又在没有其他更好选择的情况下被迫选择创业。第三类为混合型创业。当创业者既有把握商业机会的渴望，又想摆脱现实贫困时，这种混合了两种创业动机的创业类型便称为混合型创业。

2. 基于初始资源的创业分类

拜德（Bhide，1996）根据创业过程中所拥有的不同的初始条件，将创业概括为五种类型，分别是边缘企业、冒险型的创业、融合了风险投资的创业、发生在大公司内部的创业、具有时代革命性的创业。

阿加瓦尔（Agarwal，2004）按照创业模式的不同，将创业划分为机会型创业、推动型创业、管理型创业、新工艺型创业、概念驱动机会型创业。机会型创业是指创业者在经济利益的驱动下，抓住创业机会而开展的创业活动；推动型创业是指创业者为了生存或生活，不得不选择创业的行为；管理型创业是指创业者具有较高的管理或领导权利，为了获取经济利益而进行的创业活动；新工艺型创业是指创业者具有一定的产品和服务技术专利而开展的创业活动；概念驱动机会型创业是指创业者在具有开展创业活动想法的同时，市场中也存在创业的机会的情况下开展的创业活动。

初明达（2008）对农民创业的可选择类型进行了研究，将创业影响因素分为资源成本、自身条件成本、制度成本三类，并依照三类因素成本的高低对农民创业类型进行了划分。不选择创业：当三类因素都有较高成本时，此时的农民将会继续从事农业生产而不去选择创业；一般性创业：如果三类因素的成本都较低，此时农民和一般群体所处的环境具有相似性，也就可以和一般群体一样对创业与否进行选择，这种情况称为一般性创业；特色开发型创业：当社会制度成本较高，而资源比知识经验获取成本低时，在农民受制度影响因素较大时，他们不会脱离自身生活的乡土环境，而会选择立足本地农业资源的特色开发型创业；规模效应型创业：当社会制度成本很高，而知识经验成本比资源成本低时，农民会选择利用自身的经验知识选择扩大土地经营规模，这种在改进传统农业生产经营方式下进行的创业被称为规模效应型创业。效仿型创业：在知识经验成本很高的前提下，而社会制度成本低于资源成本时，农民可以走出土地选择外出打工。在这个过程中，为创业活动积累了经验、技能和资金，此时农民创业大多选择自己曾经进入或从事的行业，效仿和模仿程度较高，这种创业活动被称为效仿型创业；中介流通型创业：当知识经验获取成本很高时，而获取资金成本比社会制度成本低时，农民可能会利用城市、乡村两个市场和自身资金积累能力的优势选择非农产业开发和市场经营，从事市场中介和经纪服务，这种创业被称为中介流通型创业。集体型创业：以资源成本处于较高水平为前提条件，社会制度较为开放且知识技能的获取相对容易时，农民会选择集体共同筹资的方法进行创业，这种创业类型被称为集体型创业。

3. 基于创业者类型的创业分类

斯密和迈纳（Smith and Miner，1983）按照创业者人员的多寡进行划分，将创业活动分为个体创业型和公司创业型。李良智等（2007）关注了当前社会上出现的创业主流主体，并按照创业主体的身份对创业活动进行了划分，分别是大学生创业、失业者创业和兼职者创业。第一类为大学生创业。从高校毕业的大学生，有些不愿替人打工或受制于人，或者为了实现人生理想和自我价值，他们选择以独立或合伙的形式进行创业。第二类为失业者创业。失业者创业是在原有工作者失去职位，为了生存和生活，他们通过自身努力，选择创业改善生活的方式。这类创业者大多选择一些投资少、回报快、风险低的服务行业开展创业活动。第三类为兼职者创业。兼职者创业是指创业者在从事自己工作之外，利用空闲时间和能力兼职其他职业，从而实现自我愿望。

4. 基于战略发展的创业分类

赵曙明和陈兴淋（2000）探讨了高科技企业创业类型，并将其创业类型划分为独立创业型、贸易创业型、购买创业型、联合创业型、压枝裂变型和借腹怀胎型。第一类为独立创业型。这一创业类型又包含了个人独立创业型和集体独立创业型，而集体创业型又分家族创业和合伙创业两类。基于成本低、技术需求不高的个人经营的小作坊大多采取个人创业形式，而个人独立创业型高科技企业只存在于理论模型中。而在现实中，鉴于对专业知识和资金筹集上的需求，以集体形式进行创业的高科技企业比较常见。第二类为贸易创业型。对欠发达的国家或地区而言，高科技企业的作用显得尤为重要。企业在贸易的基础上可以积累一定的资金、技术知识以及挖掘可用人才，并通过贸易往来了解市场动向，发掘市场需求。第三类为购买创业型。这种创业类型是指通过交易（购买）获取高新技术的专利权或使用权，并借助这一技术成立或组建新公司。第四类为联合创业型。这种创业类型大多是指创业者与科研机构和高等院校等进行合作，创业者提供资金和设备，科研机构和高等院校进行科研攻关和研发成果。最后的成果由创业者进行产品化和商品化进入销售渠道的过程。第五类为压枝裂变型。该类创业类型主要特征是依靠母体公司或机构的支撑来创办的高科技企业。第六类为借腹怀胎型。这类创业类型是指创业者利用别人的公司来实现自己的创业梦想。老牌的 IBM 公司和微软公司都是以这种创业类型实现了自身企业的发展。

5. 基于创业动机与创业战略的交叉纬度的创业分类

葛宝山和刘庆中（2007）在系统归纳、总结、提炼基于不同标准的创业类型分类的基础上，根据蒂蒙斯（Timmons）所提出的创业模型，依据创业过程中的关键环节对创业类型进行了系统分类分为生存模仿型创业、生存领先型创业、机会模仿型创业和机会领先型创业。生存模仿型创业：具有较高的生存型倾向并且其生产的产品或服务并没有太多的独特性。生存领先型创业：这种创业类型具有与生存模仿型创业相似的创业动机，但却比生存模仿型创业拥有超前的领先战略，这类创业类型的创业者存在以高风险换取高回报的企图。机会模仿型创业：这类创业是指创业者通过效仿其他成功者的创业做法对创业机会进行开发的过程。机会领先型创业：创业者通过开发独特的商业机会而成为创业领域的领先者的创业活动。

另外，他们从创业动机和价值创造两方面对创业类型进行了其他类被的分类，分别是保守型创业、逐利型创业、稳定型创业、冒险型创业。保守型创业：这类创业者不愿承担过高的风险，因此创业行为较为保守，其创业的目的是为了维持生存或生活的基本需要。逐利型创业：这类创业者比较偏好风险，希望通过承担更高的风险来获取更高的利润。稳定型创业是机会型创业中的一种，在这种创业活动中，创业者以实现商业机会为目的，他们并不愿意承担过高的风险，在实现商业机会的同时追求一种较为稳定的发展途径。冒险型创业：在实现商业机会的同时，愿意承担较高的风险，以追求更高的收益回报的创业活动。

6. 基于市场等其他影响因素的创业分类

从市场需求、资源和能力两个维度来考察，可将创业类型分为如下几类，第一类为梦想型创业。当市场需求没有被识别出来，也就是潜在创业者没有识别到创业机会。同时，对于自身能力和所能控制的资源并不确定的情况下，此种创业被称为"梦想"型创业。第二类为问题解决型创业。当市场需求被识别出来，而创业者对自身能力和可控制的资源不能确定情况下的创业。第三类为技术转移型创业。当潜在创业者没有识别出创业机会，但却拥有一定的创业资源，并对自身能力有一定的把握时，这种创业被称为"技术转移"型创业。第四类为企业形成型创业。当潜在创业者既识别了创业机会，又拥有一定的创业资源和能力。此时开始的创业称为形成行创业。

（三）创业类型存在的问题分析

通过以上分析发现，大部分学者［如：张玉利和杨俊（2003）、阿加瓦尔（Agarwal，2004）、葛宝山和刘庆中（2007）］对创业类型的分类都是依据 GEM 来划分，即从创业动机和创业机会的角度划分创业类型，而其他的文献［如：初明达（2008）、赵曙明和陈兴淋（2000）、斯密和迈纳（Smith and Miner，1983）、李良智等（2007）］则依据创业者或创业企业的个体形式进行划分。以上划分均从创业者思想的角度对创业类型进行展开讨论，突出了科学研究以人为本的要求，具有一定的代表性，但从研究框架的整体性要求来讲，仍须进一步完善。基于此，本书从创业资源的角度，突出资源获取和整合的重要性，按照创业主体是否控制创业资源，对创业类型进行重新分类，将创业类型划分为独立型创业、依附型创业、合作型创业。

表 3-2　　　　　　　　　　创业类型分析

创业类型	独立型创业	依附型创业	合作型创业
特点	通过整合自身可以控制的创业资源，独立开展创业活动	依附于拥有丰富创业资源的大型企业，开展创业活动	通过合作的方式，将各自拥有和控制的资源互为整合利用，实现合作互赢的创业类型
有利因素	较多的试错机会 相对独立的决策权 较高的潜在回报	信誉较高 资源获取容易 晋升空间较大	跨部门协调和合作 凝聚团队智慧

续表

创业类型	独立型创业	依附型创业	合作型创业
存在问题	自有资源有限 缺乏信誉效益 融资成本较高	缺乏相对决策权 缺乏独立识别和判断创业机会的能力	组织契约 长效合作机制

资料来源：笔者根据相关文献整理。

第一类为独立型创业。这类创业的主体存在创业意愿，在发现并识别创业机会之后，通过整合自身可以控制的创业资源，独立开展创业活动。

这种类型的创业活动的有利因素是有较多的试错机会，创业决策具有相对独立性，潜在回报高等。但由于自有资源有限，往往会面临融资困难的问题，因此也就缺乏充足的创业资本，进而影响到创业企业的规模。另外，资源匮乏会导致产品技术含量低，生产单一，销路不畅，缺乏市场竞争力。而且，创业初期往往由于投入成本过大，而经济收益微弱，导致发展后劲不足。如果不能扭转资金匮乏的困境，初创企业就很容易受市场波动的影响，在激烈的市场竞争中面临被淘汰出局的命运。

第二类为依附型创业。这类创业的主体具有强烈的创业意愿，但受限于自身拥有和可控制的创业资源不足，不得不依附于拥有丰富创业资源的大型企业，开展创业活动。事实上，目前很多实力雄厚的大型企业都鼓励具有技术和管理经验的精英人才开展内部创业，而这种存在于企业内部的创业形式就属于依附型创业。

这一类型的创业活动，在资源获取方面，凭借良好的信誉和承诺较独立型创业有一定的优势，且其创业的绩效直接应影响到创业者的晋升机会和空间。但也会存在一些问题，对资源丰富的大企业的依附，往往会使创业者相对缺乏企业决策权。同时，缺乏对不确定性机会识别和把握的独立判断能力。

第三类为合作型创业。这类创业活动发生在具有创业意愿的创业主体之间，他们通过合作的方式，将各自拥有和控制的资源互为整合利用，实现合作互赢的创业类型。如科研院校或科研机构与公司企业的合作模式，科研院所或科研机构在合作中提供技术和专利，而公司企业提供资金、管理等其他服务，通过双方或几方合作，创建新企业，创造经济价值。

但这类创业活动在创业过程中也存在一定的问题，即合作双方是建立在信誉基础上的契约关系。如果在沟通合作中出现问题，则很容易导致合作终止或计划流产的现象。因此建立组织之间长效合作机制是合作型企业需要重点关注的问题。

综上，对不同创业类型具有的有利因素和存在的问题进行归纳和总结，把握不同创业问题的特点和差异，对深入研究创业问题并提出针对性的解决措施具有重要的理论意义。

(四) 创业动机

所谓动机，是指由特定需要引起产生的试图满足各种需要的特殊心理状态和意愿。在心理学上体现为对行为的调节和维持，而在行为学中则更强调动机的激发和驱动作用。由此可见，动机具有激发、指向、调节和维持的功能。

创业动机也是一种驱动力，它是创业成功的重要因素之一。创业动机因潜在创业者个体特质和环境的不同而表现各异。施恩伯格和玛明茨兰（Scheinberg and Maemizlan，1988）认为创业动机包含认可的需要、成就的需要、独立的需要、个人发展的需要、财富的需要和逃避的需要。也就是说，有些人选择创业是基于生存或者生活需要，而有些人则更多地考虑到个人价值观的实现而选择创业，再有者可能是几种需求的相互结合（王玉帅，2008）。

由于研究的角度和目的不同，学者们对于创业动机的定义也不尽一致。大多数学者赞同"创业动机是潜在创业者的一种'意愿'"的观点，他们认为创业动机是融入了需求理论的个体目标。在这一"意愿"或目标的驱动下，潜在创业者在具备创业条件和创业能力的情况下寻找并把握创业机会，参与创业行为并将之变成可能。尚恩（Shane，2003）提出创业者的创业动机就是创业者在发现机会并对机会进行评价后，通过寻找、整合资源进一步为开发机会而开展创业活动的内在意愿和主动性。鲍姆（Baum，2003）提出，创业者参加创业活动的内在驱动力为创业动机，主要表现为在创业过程中追寻预期的目标和愿景。曾照英和王重鸣（2009）指出，创业动机是创业者的内部心理过程或内在动力，创业动机可以激发、维持、调节人们的创业活动，并引导创业活动朝向某一目标发展。罗比肖（Robichaud，

2001）指出，创业动机是创业者对新创组织的一种目标定位，创业动机决定了创业者的行为方式进而影响创业的成效。结合本书研究内容和目的，本书认为创业动机是潜在创业者为了满足自身需求或实现个人目标，对某一事项进行分析、评价、筹划并开展一项事业的驱动力。

（五）创业动机分析

创业的动机是复杂的、多维的，这种复杂性主要体现为外在报酬的创业动机和内在报酬的创业动机。越来越多的研究者（Borland，1975；Shapero，1982；Timmons，1978；Pandey and Tewary，1979；Perry，2000；Cooper and Dynkelberg，1987；曾照英、王重鸣，2009）认为，创业动机取决于创业者的内心冲动和外部环境。因此，本书从个体内在需求角度和外部环境角度分别对创业动机进行阐述。

1. 内在需求角度

马斯洛的需求层次理论认为，个人动机具有层次性，在满足生理需求后，个体会产生对自尊和自我实现等更高的需求。对创业动机研究而言，需求层次不同，创业动机也会产生差异。麦克利兰的动机需求理论指出，个体内部的驱动力（如个人成就和权利需要）是创业动机产生的主要来源。由此可见，由创业者的个人背景特征和心理特质产生的心理定位是创业动机产生的最重要的起源。本书在参考大量文献之后，对创业内在动机概括为以下几点：

责任感是产生创业动机的动力之一。人类群居式的生活模式决定了人与人之间存在着密切的依赖关系。正是由于这种相互依赖的生活关系，决定了每个人都要为社会、集体或他人承担应有的责任。传统文化强调的"先天下之忧而忧，后天下之乐而乐""天下兴亡，匹夫有责"的思想已经深深地植入人们的灵魂中，随着时代的变迁，这种责任感成为社会创业者的原动力之一。

事业心是责任感在心理层次的具体表现。传统社会观念强调"男主外，女主内"的观点，因此，男人更强调事业，而女人更强调家庭，虽然这种观念已经时过境迁，但也从侧面说明事业心是创业者开创一番事业的内在驱动力之一。这在青年群体中表现更为明显，青年时期是个体创造力最为强盛的时期，他们更渴望开创新事业，实现人生抱负。

　　成就感是事业成功且责任完成之后，创业者在得到他人肯定后心理上的满足和安慰。创业者为了满足公众认可，实现自我价值以及个人成长等成就感，接受一份挑战并开展创业活动。也正是由于这种成就感，激励着创业者继续开拓新事业。① 研究指出，创业者为了满足个体的内部需要，受到个人挑战、公众的认可、自我价值的实现、个人成长以及享受一种来自创业的激情等内部需求的强烈驱动。

　　对独立性的追求是激励个体开展创业活动的另一种内在驱动力，日益剧烈的竞争压力迫使人们在心理上产生对自由的渴望，创业使个体以主人翁和管理者的身份对创业活动进行独立思维和决策，因此，挣脱束缚和追求独立性成为新时期个体开展创业活动的驱动力之一。

　　对财富的追求也是开展创业的内在动机，已有的研究指出个体产生创业动机的可能还有为了保障家庭生活的正常运作或为了获得更多的物质满足。一些对女性创业的研究表明，能够接近家庭、为退休做准备、为了改善生活等都是产生创业动机的原因（Robichaud and Roger，2001）。

　　由此可见，对于潜在创业者而言，内在需求是他们开展创业活动的动机之一，这种内在需求是由创业者的个人特质引起的。通过创业，他们会获得物质生活上的满足、个人价值的自我实现、一定的社会地位和声誉，遵从内心可以做自己喜欢的事情，获得工作自由等，这些都来自创业者内心需求，正是这些内心需求驱动着潜在创业者开展创业活动。

　　2. 外部环境的影响

　　创业动机的产生也与特定的外部环境有关，行为科学证明，创业作为一种人类活动是社会环境的产物，一国或地区的社会环境（如文化底蕴、家庭成员之间关系、教育体制、政治体制等）在创业动机的形成中起到相当重要的作用（罗明忠等，2012）。

　　当外部环境发生变故时，创业行为将随之发生变化。一方面，在社会环境中，潜在创业者可能出于生存的考虑，迫于生活的无奈，不得不做出创业的决定，依靠创业为自己的生存和发展谋求出路；另一方面，潜在创业者通过观察外部环境的变化，发现新市场，出于把握机会的动机，创业

---

　　① Kuratko Donald F., Naffziger Douglas W., "An Examination of Owner's Goal's in Sustaining Entrepreneurship", *Small Business Management*, 1997, 35（1）：24—33.

者把创业作为其职业生涯的一种选择，在发现或创造新的市场机会下而选择创业。① 库拉特科和纳夫齐格（Kuratko and Naffziger，1997）通过构建动机结构模型分析了创业动机问题指出，受外部环境的影响，如经济危机、公司裁员等，为了保障生活和家庭需要，个体可能会被迫选择创业。何志聪（2004）通过总结国内外文献，提出创业动机分为机会驱动型、内部驱动型、外部驱动型。其中，机会驱动是指创业者发现了一个可行的商业机会然后利用这个机会成立公司；而外部驱动是指外部环境（如：下岗）激励创业者通过创立新公司来维持生活。以上两种创业动机都可认为是受外部环境影响而选择创业的原因。在我国政府大力推动"大众创业、万众创新"的新形势下，一系列鼓励创新创业的政策和措施也会积极影响群体的创业选择。另外，创业行为也受到来自亲朋好友创业行为的影响，群体在观察其所处的环境之后，综合筛选机会、自有资源等条件后会做出是否创业的选择，我们可以将这种创业行为划归为外部驱动型创业动机。

通过分析创业动机相关研究发现，创业动机因个体的内在需求、外部环境而异，部分个体为了满足物质条件的需要而产生创业动机，部分个体为了实现自身价值和社会认同而产生创业动机，还有部分个体是多种原因共同影响而产生了创业动机。因此创业动机并不是单因素的影响结果，创业动机的形成是一个复杂的过程，它是由一系列的内在需求因素和外部环境因素相互影响、相互作用的结果。

二 我国创业发展历程

"创业"一词早在战国时期便出现，但仅指创立功名和帝王基业。随着时代的变迁，人们不断为"创业"赋予了更为全面的理念。我国创业发展表现为波浪式的特点，由于经历了经济体制转变的历史过程，改革开放是我国创业研究的一个分水岭。新中国成立后，我国政府通过制定相关政策法规对创业活动进行了鼓励，但在计划经济条件下，创业活动主要呈

---

① 高建、陈源、李习保、姜彦福：《全球创业观察中国报告（2007）——创业转型与就业效应》，清华大学出版社 2008 年版，第 7—8 页。

现出个别化的特点，也就不能真正成为创业活动考察的对象，真正意义上的创业活动是在改革开放之后出现的。随着计划经济向市场经济的转型，互联网技术到移动互联全面铺开，一波波创业者前赴后继，为我国创业道路添砖加瓦。根据创业者所处的历史条件、社会环境和政策支持等因素进行总结，改革开放以来，我国创业发展已经历了四次大浪潮。

1. 第一次创业浪潮

1978 年，党的十一届三中全会是中国经济转型的标志性会议，由此确立了市场经济改革方向，掀起了我国第一次自主创业高潮，这一时期的创业主体主要是处于社会边缘的人。改革扩大了市场需求，产品出现供不应求，整个宏观经济呈现短缺状态。

在城市，我国政府提出以自谋职业解决就业的方针来缓解城镇知青返城造成的就业压力，在这项政策的鼓励下，部分无业人员、返城知青，抓住经济短缺的商机，开始经营小商品商业，被人们形象地称为"倒爷"，在这批人中，有一些人取得成功，逐渐成为企业家。在农村，随着"双轨制"体制和由"市场短缺"带来的市场需求增加的出现，由农村土地承包责任制带来的大量剩余劳动力使得许多农民走上了创业道路，创办了一批乡镇企业，因此，这批农村创业"能人"由农民逐渐转变成为企业家，推动了 20 世纪 80 年代的经济高峰。[1]

总体而言，这一时期的创业者是在经济转型的大环境下，为了实现自主就业形成的一次创业浪潮，这一时期涌现的创业家有张瑞敏、年广久、张果喜等，他们是这次创业浪潮的开拓者。由于这次创业的主体主要是非公有制单位的群众，因此，这次创业也被称为草根创业。

这段时期国家出台了一系列鼓励创业的政策文件，如：1981 年 7 月，国务院发布了《关于城镇非农业个体经济的若干政策规定》，文件肯定了个体经济对解决就业、促进经济发展的重要作用。各地政府和有关部门应当鼓励和扶持城镇非农业个体经济的发展，在资金、货源、场地、税收、市场管理等问题上给予支持和方便。1982 年，党的十二大报告又进一步指出，在国家规定的范围和工商行政管理下，鼓励农村和城市中的个体经济适当发展，首次将个体经济从城市扩展到农村。1982 年的第五届全国

---

① 张维迎：《理性思考中国改革》，《权衡》2006 年 3 月 13 日第 41 版。

人民代表大会第五次会议将保护和发展个体经济写入《中华人民共和国宪法》，进一步从宪法的高度保障城乡个体经济发展。

2. 第二次创业浪潮

1984 年，中国共产党第十二届中央委员会第三次全体会议的召开标志着我国开始实施"有计划的商品经济"模式。这一时期，掀起了以"全民下海"为特征的新一轮的大规模创业浪潮。由于这次改革的重点对象是国有企业，促使一批拥有更开阔的视野、更丰富的社会网络资源和知识基础的国家机关干部、科研院所人员放弃原有工作"下海"创业，以及国有企业职工自谋职业创业。这一时期产生了一批像泰康人寿、万通地产、复星集团等优秀企业，也造就了段永平、柳传志、潘石屹等一批创业英雄。因此，在这一时期，国有企业"一支独大"的经济结构开始改变，个体经济、私营经济等非国有制经济成分得到了快速发展。

这段时间国家出台的政策文件，如：1984 年党的十二届三中全会通过的《中共中央关于经济体制改革的决定》，文件肯定了个体经济等其他经济形式是社会主义经济所有制的有益补充，指出个体经济等其他经济形式对扩大就业、促进经济发展具有不可替代的作用，鼓励个体经济的大力发展，各级政府和部门应为城市和乡镇集体经济和个体经济的发展扫除障碍，创造条件，并给予法律保护。1987 年第十三次全国人民代表大会上又进一步肯定了私营经济在促进生产、活跃市场、扩大就业和满足人民生活需求等方面的重要作用。同时，国家还成立了中国新技术创业投资公司支持创业，而中国工商银行和中国农业银行分别开办了科技贷款项目以鼓励非公有制单位群众创业。据统计，1981 年全国个体工商户总数达到了 183 万户，到 1987 年全国个体工商户增加到 1373 万户[①]，创业浪潮不断推高。

3. 第三次创业浪潮

1992 年邓小平发表南方谈话，对社会主义的本质进行了科学的概括，从根本上解除了长期以来人们对于社会主义和市场经济的思想偏见。党的十四大上确立了社会主义市场经济体制改革目标，在深化经济体制改革的背景下，掀起了第三次创业浪潮。大批创业者以邓小平南方谈话为契机纷纷"下海"创业，这一时期的创业特征主要表现为范围广、技术高。创

---

① 魏宇辉：《民营经济概论》，郑州大学出版社 2004 年版。

业涵盖了金融、房地产、教育、贸易、高新技术产业等领域，创业产业不仅包括劳动密集型产业、粗放型产业，还包括高新技术产业。另外，互联网应用也是这一时期创业的主要特征，互联网的应用使创业过程向产业化、集约化发展，同时扩展了企业融资渠道。

这一时期国家出台了一系列鼓励个体、私营经济发展的政策文件，如1993年，九届全国人大二次会议通过宪法修正案，明确了非公有制经济在市场主体中的地位，指出非公经济是社会主义市场经济的重要组成部分的地位。1997年，党的十五大进一步明确了非公有制经济是社会主义市场经济的重要组成部分，并提出要积极鼓励和引导个体经济、私营经济的健康发展，在1999年又将个体、私营经济的重要作用写入了宪法。在国家大政方针的指导下，各级政府和金融机构也积极出台扶持政策鼓励创业，如：《国家高新技术产业开发区若干政策的暂行规定》《关于加速科技进步的决定》《关于"九五"期间深化科技体制改革的决定》《中华人民共和国促进科技成果转化法》等一系列政策措施。同时，这一时期国家还实施"技术创新工程"，组建了一些政府的创业投资公司等。从投融资、税收、土地使用和对外贸易等方面提出优惠政策，为个体、私营企业的发展铺平了道路。

4. 第四次创业浪潮

2002年，党的十六大提出了进一步健全市场经济体系，全面建设小康社会的大政目标。并提出鼓励和支持非公企业发展的政策方针。与此同时，互联网技术、风险投资以及资本市场的快速发展，促使我国第四次创业浪潮的形成。这一时期的创业热点是高新技术领域，伴随着互联网技术的飞快发展以及知识经济带来的机遇，一批"80后"和海归学成人员回国兴办企业给中国经济发展带来了勃勃生机。这一时期，造就了张朝阳、马云、李开复、李彦宏、丁磊等一批网络创业家。他们的创业精神鼓舞着新一代创业者继续开拓奋斗之路。

这一时期，国家出台的政策性文件，如2003年党的十六届三中全会发布了《中共中央关于完善社会主义市场经济体制若干问题的决定》，为非公经济的发展提供了政策方针。2004年十届全国人大二次会议通过了宪法修订案确立了公民的合法私有产权不受侵犯的决定，这一决定极大地鼓励了民间投资活动。2005年2月国务院发布了《关于鼓励支持和引导个体私营等非公有制经济发展的若干意见》，提出了包含 7 个方面的 36 条政策，进一步优化了非公有制经济发展的经济环境，这些政策文件极大地激发了我国创业投资的热情。创业投资企业的数量不断增长，规模不断扩大。据国家工商总局数据显示，2004 年，我国私营企业累计超过了374.78 万户，民营经济在第二三产业的就业比重达到 80% 以上。2005年，我国私营企业的从业人数超过全国企业从业人数一半，民营经济工业总产值已赶上国有经济工业总产值（许忠伟，2005）。

三　我国创业的现状

随着电子信息技术、互联网的广泛应用，知识经济的时代已经到来。创业作为促进知识经济发展的关键因素，已经成为经济发展的重要途径，并得到全球各国的重视。事实上，从发达国家的经济发展史来看，创业型经济①是其发展的主要动力之一。创业在经济增长、社会就业、技术创新以及生产力发展等方面发挥着不可替代的重要作用。当前，中国经济正处于经济转型和深化改革的关键时期，以创业带动就业进而促进经济发展的大政方针成为解决中国问题的有效举措，为此，我国政府积极推动新一轮的创业浪潮。归纳我国创业发展，当前我国的创业特征主要表现在以下几点：

1. 创业主体全民化

以往的创业只是发生在一部分人群之中，而这次创业浪潮是在信息技术革命更加深入的推动下开展的，是一次全民参与的创业，体现了"大众创业、万众创新"的理念。随着各项鼓励创业的政策措施的出台，从国家政府到企业再到普通大众，从高新园区到城市全域，从科技行业到各行各业都在共同推动全民创业。新一轮创新创业浪潮呈现出主体多元化的特征。这些创业主体包括受金融危机影响的海外回国创业人员、拥有技术和管理经验的企业精英、返乡农民工、大学生等。2015 年的《政府工作报告》中，进一步强调了创业对促进中国经济转型和升级的驱动作用。

---

① 创业型企业是指处于创业阶段，以机会导向、创造性整合资源和超前行动为特征的创新开拓型中小企业，参见 Barringer R. & Ireland D. , *Entrepreneurship*：*Successfully Launching New Ventures*, New Jersey：Prentice - Hall，2008。

政府要积极简政放权，出台税收优惠、财政补贴等政策法规，不断优化创业环境，调动社会创新创业的热情，发扬自我革命的精神，为创业开拓实践之路。

针对这些创业群体，中央和各级政府出台了很多优惠和扶持政策，如国家围绕发展战略目标提出了引进海外高层次人才的"千人计划"，以及地方政府结合本地区经济社会发展要求，满足产业结构调整的需要，出台的引进海外高层次人才"百人计划"。通过完善一系列政策和机制，积极引进海外高水平人才回国或来华创新创业。一些大型科技公司也积极鼓励企业精英内部创业或进行离职创业尝试，通过裂变创业的方式，提高企业员工的创新积极性，实现公司内部创新，保持市场活力。国家为鼓励返乡农民工创业活动，也积极出台了一系列的优惠政策，如 2015 年，国务院出台《关于进一步做好新形势下就业创业工作的意见》《关于支持农民工等人员返乡创业的意见》，以及地方各级政府结合地方实际出台的扶持农民工就业创业的政策，这些政策连同金融机构及社会其他组织的优惠扶持措施共同形成了农民工创业扶持政策体系，为农民工创业提供税费、融资、财政、基础设施等各方面的优惠，极大地鼓励了农民的创业积极性。对于大学生创业者，国家也出台了一系列针对性政策，如 2014 年人力资源和社会保障部等 9 个部门联合出台了《关于实施大学生创业引领计划的通知》，2015 年国务院出台的《关于大力推进大众创业万众创新若干政策措施的意见》等，地方政府也根据自身发展条件和需要出台一系列大学生创业引领计划和政策文件，这些政策连同银行和社会其他方面的优惠措施一起构成了我国大学生创业政策扶持体系，为大学生创业提供税费、资金、培训、平台搭建等优惠政策。

2. 创业形式多元化

以互联网为核心的技术革命催生出与时俱进的创业新形式，互联网成为这次创业的重要因素，互联网技术革命是推动国家经济复苏、崛起和转型的新动力。"互联网＋"的商业经济模式使创业形式呈现多元化，实现了传统生产方式的创新是中国经济发展的新增长极并为创业提供了拓展空间，[①] 通过"互联网＋"商业模式与"大众创业，万众创新"理念互为

---

① 辜胜阻：《新一轮创业创新浪潮的六大特征》，《经济日报》2015 年 8 月 20 日。

融合，在产业和业态发展中会造就更多新的消费点，创造出更多的就业机会，提高科技成果转化率，有效地促进了经济发展和经济效益的提高。

随着"大众创业、万众创新"积极推进，全民创业活动正在蓬勃发展。据有关部门统计，截至 2014 年年底，中国的留学人员创业园已达到近 300 家，园内创业的留学人员人数高达 5 万余名。而国家统计局发布的《2014 年全国农民工监测调查报告》的数据也显示，与 2013 年相比，2014 年的自主创业的农民工所占比重提高了 0.5%，占农民工就业比重的 17%。另外，据有关调查数据显示，超过 20% 的大学生表示毕业后可能会选择自主创业，约有 5% 的大学生表示未来的就业方式将以创业为主。尽管国家和社会积极营造健康的创业环境，推动创业活动有效开展，我们仍不能忽视创业过程中存在的一些问题。在我国，传统的粗放型发展方式一直制约着我国经济的发展，这就造成了创业多以"生存型"创业为主。根据全球创业观察（GEM）的相关调查显示，我国目前约有 90% 的创业为"生存型创业"。[1] 由于这些创业者大多文化水平较低，因此，餐饮副食、百货等是他们选择创业的主要行业。其创业的主要形式为小微企业和个体工商户，雇用人数小于 5 人的小型工商业是构成我国工商业项目的主体。[2] 由于这些创业者文化水平并不高，为了养家糊口和贴补家用而进行的创业活动大都生存时间很短，平均尚不足三年。在创业过程中，融资难、融资贵是创业企业面临的困难，虽然国家出台了相关的政策措施缓解小微企业的融资难题，但是，还不能从体制上解决小微企业与金融资源之间的不匹配关系。据不完全数据统计，大型企业的银行覆盖率以及正规金融覆盖率能够达到 100%；中型企业的银行覆盖率与正规金融覆盖率达到 90%；而小型企业的正规金融覆盖率为 40%，银行覆盖率为 20%；微型企业的银行覆盖率为 2%，正规金融覆盖率为 12%。融资难题是我国创业面临的首要问题。[3] 因此如何从资源、环境等方面解决创业问题应是社会各界重点考虑问题之一。

---

[1] 资料来源：http://theory.gmw.cn/2015—10/30/content_17540473.htm，访问日期：2015 年 11 月 15 日。

[2] 甘犁：《中国家庭创业现状》，《第一财经日报》2012 年 12 月 12 日。

[3] 资料来源：http://www.cet.com.cn/ycpd/sdyd/1319052.shtml，访问日期：2015 年 11 月 10 日。

3. 创新驱动促就业

以创新促进创业、以创业推动创新，是新一轮创业浪潮另一个典型表现特征。据世界知识产权组织发布的数据显示，2012 年，全球新专利申请数量中，中国发明专利的申请数量位居世界第一。2014 年中国成为国际专利申请数量增幅最大的国家，共申请了 25539 项专利，以 18.7% 的增幅成为最大的贡献者，也是唯一一个达到两位数增长的国家。

不断提高的创新能力奠定了良好的创业基础，以创新为驱动力拉动创业的趋势已经显现。据科技部统计数据显示，2014 年，全国已有 1600 余家科技企业孵化器，在孵企业超过 8 万家，解决了 175 万人的就业问题；目前已有 115 家国家高新区已获批在建，园区注册企业高达 50 万余家，以中关村为例，2014 年，新增了 1.3 万家科技企业；全国创业投资机构总数已达 1000 余家，资本总量已达到 3500 亿元。

四　创业效应

2015 年召开的中共十八届五中全会上，习近平总书记对"十三五"时期的发展目标进行了阐述，提出了"创新、协调、绿色、开放、共享"的发展理念。2015 年的政府工作报告中，李克强总理发出了"大众创业、万众创新"的号召，创新创业成为推动经济结构优化升级，保障经济健康发展的重要力量。创业形成的非公经济主体是我国国民经济的重要组成部分，在促进就业、缩小贫富差距、推动经济可持续发展方面发挥着积极作用。根据统计，2013 年，我国的非公有制经济企业多达 1000 多万余户，个体工商户的数量已超过 4000 万户的，带来了 60% 的 GDP 的贡献率，税收贡献率超过 50%，就业贡献率超过 80%。[①] 2015 年，约 90% 的市场主体为非公经济，对 GDP 的贡献率为 60%，对税收的贡献率超过 50%，对就业的贡献率超过 80%，在新增就业中，非公经济的贡献率更是达到 90%。[②]

[①] 资料来源：http://gb.cri.cn/42071/2013/03/06/4865s4041494.htm，访问日期：2015 年 11 月 10 日。

[②] 资料来源：http://news.hexun.com/2015—12—25/181415089.html，访问日期：2015 年 12 月 30 日。

（一）就业效应

作为人口大国，中国经济发展面临巨大的就业压力，因此，解决就业是我国政府的重要工作之一。虽然近年来，随着人口红利的逐渐消失，适龄劳动人口在不断下降，但是高校毕业生、下岗职工、农民工等重点群体的就业形势依然严峻。随着市场竞争机制的逐渐确立，一方面，国有企业吸纳就业的能力减弱；另一方面，部分企业由于经营不善等原因出现减产、停产、破产的情况，造成了大量的下岗或失业人员。在新一轮经济改革形势下，产业结构的升级、劳动密集型产业比重的逐步降低，势必引起劳动力结构的大调整。再有，随着农业逐步实现现代化，农村经济结构也在不断调整，大批的农村剩余劳动力转移就业也是我国政府需要重点解决的问题，大学持续扩招导致高校毕业生人数的急剧增加，也进一步加大了社会就业压力。据相关部门预计，2015 年高校毕业生人数将继续增加，预计可达 750 万人左右。创造更多的就业岗位是解决就业问题的关键之一，而鼓励创业正是创造就业岗位的重要举措。创新创业活动为更多的劳动者提供了就业机会，成为解决就业的有效途径。因此，在新一轮经济改革形势下，"大众创业、万众创新"作为一种解决就业的新举措对当前经济发展具有重大意义。

通过创业形成的非公经济在其发展过程中，产生巨大的劳动力需求。为吸纳下岗职工，农村转移劳动力和新增劳动力提供了重要途径。首先，非公经济作为经济所有制成分中最具活力的重要组成部分，具有完善的企业制度，灵活的就业机制，这一特征保障了其吸纳劳动力的能力。其次，非公经济主要存在于第三产业，第三产业具有高于第一、第二产业的就业弹性，随着产业结构的不断调整和优化，第三产业已经成为扩大就业的主要力量。最后，非公经济的经营机制具有灵活性，就业形式具有多样性，就业渠道具有多元化的特点，这些都有利于非公经济吸收大批劳动力就业。

（二）社会效应

创业是解决贫富分化问题的有效途径，同时也是实现经济可持续发展的动力所在。第一，缩小贫富分化差距。在改革不断深化、经济快速发展的背景下，人民的生活有了翻天覆地的改变，但同时，我们也注意到贫富差距也在逐渐拉大。据国家统计局公布的数据显示，2014 年，我国的基尼系数是 0.469。虽然，我国居民收入的基尼系数呈逐年下降趋势，但我国的基尼系数仍处在一个比较高的水平，说明我国居民收入差距仍然比较大，特别是城镇居民内部、城乡之间表现更为明显。事实上，在收入差距扩大的同时，财产差距扩大问题也正日益严重。针对这些问题，尽管我国政府出台了一系列缩小贫富差距的政策和措施并取得了一定的成效，如：提高最低工资标准，增加社会保障等，但这些"二次分配"政策还不够。中国有句古语曰"授之以鱼，不如授之以渔"，因此需要从"一次分配"中解决我国贫富分化差距拉大的问题。而通过推动大众创业可以向更多人提供就业机会进而提高了劳动者的收入水平，因此推动创业是解决贫富分化问题的有效途径之一。

第二，创业是实现经济可持续发展的动力。熊彼特的创新理论指出，创新是经济发展的本质。通过创新，将生产要素和生产条件进行重新组合，并引进到生产体系中去。创业通过创新许多商业模式、投资模式和管理模式，推动技术创新和技术革命。在这个过程中推动了民营经济的发展，提高市场化率，优化了产业结构和经济所有制形式，经济所有制的优化促进了市场竞争、激发了经济活力，提高了经济效益，进而促进技术创新和技术革命，相互作用下进一步进而推动了经济的可持续发展。

五 本章小结

本部分从创业的概念入手，对创业的类型和动机进行阐述。梳理已有文献，详细介绍了创业研究现状，确定了本书研究的主题——创业。通过梳理归纳了我国创业历程中经历的四次创业浪潮，详细介绍我国改革开放以来经历的四次创业浪潮的发展特点和国家扶持政策。随着电子信息技术、互联网的广泛应用，知识经济时代的到来，我国也正在经历第五次创业浪潮，这次创业浪潮主要呈现创业主体全民化、创业形式多元化和创新驱动促就业的特点。其次，创业不仅可以解决就业也是解决其他经济问题的有效途径，研究表明，创业可以缓解就业压力，改善贫富分化，也是实现经济可持续发展的强大动力。最后，本书总结我国创业的效应，通过创业形成的非公经济在其发展过程中，产生巨大的劳动力需求，为吸纳下岗职工，农村转移劳动力和新增劳动力提供了重要途径，这就是创业的就业效应。而创业的社会效应主要表现在解决贫富分化和实现经济可持续发展两方面。一方面，创业是解决贫富分化问题的有效途径，通过推动大众创业可以向更多人提供就业机会进而提高了劳动者的收入水平，因此推动创业是解决贫富分化问题的有效途径之一。另一方面，创业也是实现经济可持续发展的动力所在。创业本身蕴含的创新机制，通过创新商业模式、投资模式和管理模式，推动技术创新和技术革命，为进一步实现经济可持续发展提供动力支撑。

第四章 创业资源分类理论的重构

一 创业资源概念

1. 资源的概念

当我们提到"资源"一词时，首先映入脑海的应该是与人们生产生活息息相关的，存在于大自然中的天然资财，这些资源经过人类的开发和利用产生一定的经济价值，因此资源的一个重要的属性就是价值性，只要有价值的物品都可称为资源。然而在经济学中，对资源的研究不再局限于对自然资源，而是更强调资源的能动性，马克思和恩格斯认为，人类通过劳动可以将自然界提供的生产材料转化为有价值的资源。而《经济学解说》（2000 版）将资源定义为：生产过程中的投入。由此可见，资源是劳动和自然资源组合在一起形成的一切资财的来源，资源包括了自然资源、社会资源和人力资源。因此，这一定义既强调了客观存在的自然资源，又突出了"人"这一重要因素在资源获取方面的重要性。另外，还有一些学者从其他角度对资源进行了探索和阐释。赵建新（1991）论述道，自然环境形成了自然资源，经济环境创造了经济资源，而人类在自然环境和经济环境中通过不断的学习和实践又形成了智力资源，并进一步指出凡是有利于经济物品的生产或使用价值的提高的要素，均可称为资源。《资源经济学》（1993）将资源划分为自然资源、人力资源、资本资源和信息资源四大类，但这一分类还不够完备，因为其遗漏了无形资源和社会资源。顾桥（2004）在梳理相关文献后总结道，资源是指在一定的社会历史条件下现存的或者潜在的能够在人类活动中经由人类的直接劳动或者间接劳动满足人类需求的各种自然的和非自然的要素。经济学将资源概述为为了创造物质财富而投入于生产活动中的一切要素，这是对资源概念的一个高度概括。本书认为，资源的本质就是经加工后能够满足人类需要的生产要素。它应该是一个广义的概念。而在现代技术高度发达的条件下，对资源的开发和利用愈益深广，所以应该从更广义的角度去探究和阐释资源。

2. 创业资源的内涵

创业是财富创造过程中的初始阶段。创业过程同样离不开资源基础，创业的最高境界就是挖掘和利用一切资源并通过它实现经济收益。创业资源是创业过程中的一个重要因素（林嵩，2007），也是新创企业成长过程中的必需资源。因此，创业过程是依赖和集聚利用各种资源的过程，创业资源的状况将会影响创业企业的成长。

资源基础理论的主要代表人物巴尼（Barney，1986、1991）认为，创业资源就是创业过程中先后投入和使用的企业内外各种有形和无形的资源的总和。实际上，创业就是企业在初创时期利用原有资源和创造新的资源的循环过程，创业的过程就是高效利用资源的过程。

阿尔瓦雷茨和布森尼兹（Alvareza and Busenitzb，2001）指出，创业活动实质上就是资源重组和分配的过程，在企业创建、成长等过程中发挥着重要的支撑作用，是创业过程中投入和使用的资源的总称。

格兰德等（Grande et al.，2011）总结认为，创业资源是创业过程中投入和使用的一切物质、能量和信息。创业资源是资源总类中用于创业的那部分，因此也拥有与一般性资源相同的属性——稀缺性。同时，创业者利用这些资源可以创造新的价值，体现了企业的综合竞争能力。因此，他们认为创业资源是在创业过程中能够帮助实现创业目标的所有资源的总和。

顾桥（2004）指出，创业资源是指在创业过程中，被创业者先后投入和利用的自身拥有或外部获取的各种形式资源的总和。

以上是关于创业资源的广义概念，从狭义的角度讲，创业资源是创业过程中起关键作用的优势资源，这些资源不但决定了创业机会开发的途径，也能够通过已有资源创造出新资源，实现资源积累和聚变，为创业提供条件支持。创业发起于对创业机会的识别。从机会识别的过程角度来讲，机会识别与创业资源之间是密不可分的，机会识别的实质就是创业者判断是否能够获取足够的资源支持可能的创业活动。从企业成长的角度讲，一定的资源为企业战略制定和实施提供了保障，从而为新企业的成长和发展奠定了物质基础。因此，创业资源对创业组织的发展具有至关重要的支持作用。

鉴于创业资源的系统性和复杂性，还有必要对其进行进一步论述和分类。

二 创业资源的分类

资源是新企业创建、成长和扩张的基础（Brush，2001）。对创业资源的认识、管理和利用，基本的方法是对创业资源进行分类，这也是研究创业资源的重要基础内容。通过对创业资源进行归纳和分类，发现不同类别的创业资源对创业的重要作用，使繁杂多样的创业资源呈现出条理化、系统化的特点，从而为深入研究创业资源的开发和利用创造条件、奠定基础，为创业资源的开发、管理和优化提供指导。从既有文献对创业资源的划分维度来看，对资源的分类目前没有统一的标准，不同的研究目的对应不同的分类方法。迄今为止，国内外对于创业资源的研究主要围绕资源开发过程展开（蔡莉等，2011），创业资源开发过程包含资源识别、资源获取、资源整合和资源利用四个环节。

1. 国外学者对创业资源的划分

巴尼（Barney，1991）基于资源的稀缺性和价值属性，将企业资源划分为三大类，分别是人力资源和技术资源、财务资源、其他生产经营性资源。人力资源和技术资源包括创业者及其团队的能力、经验、智慧、知识、洞察力和判断力、社会关系及其掌握的关键技术等；其他生产经营性资源包括厂房与设备、生产经营场所以及原材料等。

希尔特等（Hilt et al.，1991）则从资源的形态角度将创业资源划分为无形资源和有形资源，无形资源需要借助一定的外部载体变现出来，包括组织资源、技术能力以及声誉等；而有形资源包括人力资源、资金以及基础设施等物质资源。

蒂蒙斯（Timmons，1999）研究了生存型创业企业的资源，指出创业资源主要包括基础资源、核心资源、其他资源三类。其中，基础资源和核心资源对创业成功与否起决定性作用，而其他资源越多，企业成功的概率越大，因此其他资源在创业过程中起辅助作用。

威尔森（Wilson，2002）从资源存在于企业的内部与外部角度，对创业资源进行了二维划分，分别是内部资源和外部资源。两类中都包括财务资源、物质资源、人力资源、组织资源、技术资源、声誉资源。财务资源包括资金、资产、股票等；物质资源包括机器和厂房等基础设施以及土地等；人力资源包含知识、培训、经验、创业思路、企业员工和管理者等；技术资源包括技术设备、专业技术、专利产品、商标、版权等；声誉资源包括品牌忠诚度、企业形象等；并重点研究了外部资源，指出外部资源主要来自社会网络，如市场中的企业竞争者和合作者以及创业者的朋友圈，这一研究强调了外部资源的重要性。

阿迪奇维力（Ardichvili，2003）认为创业者和创业团队、管理能力、资金、信息、技术是创业过程中不可缺少的基础资源，并将创业资源划分为人力资源、财务资源、物质资源和社会资源。人力资源是指具有人力资本的优秀人才；财务资源是指企业运行和发展中所需要的货币资金；物质资源是指厂房、设备等基础设施；社会资源主要包括创业者的社会关系网络等。

从既有的文献可以看出，研究者们基于不同的研究视角并依据不同的划分依据提出了差别化的创业资源划分类别，但从资源对创业的作用机制来看，这些划分类别大致相似。

2. 国内学者对创业资源的划分

顾桥（2004）详细阐述了企业创业的资源划分类别。首先，从资源的形态上，可以将资源分为有形资源和无形资源。有形资产包括厂房、场地、设备资金等；无形资源包括企业名称、商标、商誉、专利、专有技术、营销能力、管理制度、信息资料、企业文化等。其次，按照控制主体不同，可将创业资源划分为内部资源和外部资源。内部资源存在于企业内部，企业对这些资源享有专有权，可以直接使用、控制这些资源。外部资源不受企业直接控制，可以被市场中所有企业共享和利用，包括政策、法律、文化等环境资源。最后，按照不同的利用方式，可将创业资源划分为直接资源和间接资源。对于直接资源，企业可以直接利用，而间接资源是指企业必须通过内部资源管理转化才能利用的资源。另外，从投入和生产方式角度还可将创业资源划分为初次投入资源和创业生成资源等。按照运动形态可将创业资源划分为存量资源和增量资源。

林嵩（2007）认为，创业资源包括间接资源和直接资源两个方面，将创业资源分成了六个维度，分别是政策资源、信息资源、资金资源、人才资源、管理资源和科技资源。

蔡莉和柳青（2007）研究了新创企业资源整合过程问题，从创业资源入手并结合前人有关研究，系统划分了新创企业的关键资源，分别是人力资源（智力资源、声誉资源、社会网络）、物质资源、技术资源、财务资源、市场资源和组织资源。

姚梅芳等（2008）基于蒂蒙斯（Timmons，1999）对创业资源划分，将创业资源划分为基础资源、核心资源和其他资源，其中基础资源主要包括资金和场地，核心资源主要包括人力资源、技术资源、管理资源，其他资源则包括政策资源、人脉资源、品牌及文化资源和行业资源。

关晓丽等（2014）也对创业资源进行了细分。第一类划分依据按照资源对企业成长的作用，将资源划分为要素资源、环境资源，其中要素资源主要用于企业的日常生产和经营活动，如场地、资金、人才、管理经验、技术等；而环境资源可以提高企业运营效率，但并未直接参与到生产经营中，如政策、信息、文化、品牌等。第二类划分依据可按照控制主体的不同对创业资源划分为内部资源和外部资源。内部资源包括现金、资产、房产、交通工具、技术专长、信用、经营经验等；外部资源包括从亲朋好友圈、商业合作者、投资人等社会网络中获取的人财物等，或通过提供未来服务、机会等换取到的，或者是社会团队或政府资助的管理帮助计划等。另外不可忽视人脉资源这一重要的外部资源。

3. 现有分类存在的混乱与不足

上述分类方法从资源的形态、属性和利用方式等角度对资源进行分类，体现了资源的不同用途，扩展了创业资源的理论研究维度，但这些分类标准并不符合资源效用价值性、稀缺性、不可模仿性和难以替代性的标准（蔡莉、柳青，2007）。并且，有些关键的分类在逻辑上仍然存在着不足。

威尔森（Wilson，2002）、顾桥（2004）、关晓丽等（2014）均对创业资源进行了内部资源和外部资源的二维分类。三者的划分最早来源于威尔森（Wilson，2002）的研究，但他对内部资源和外部资源的细分并不明确，只是说明两类资源的细分会出现重叠或交叉，他认识到外部资源对创业非常重要，并对其给予了重点研究（认为社会网络是获取外部资源的主要途径，如市场中的企业竞争者和合作者以及创业者的朋友圈），但其对外部资源的概括并不全面。总的来说，他并没有说明分类依据或标准，并且其分类并不清晰，没有真正体现内部资源与外部资源的区别和特点。

顾桥和关晓丽等按照控制主体的不同而将企业资源划分为内部资源和外部资源，但其分类也有不清楚之处，特别是人脉资源究竟是内部资源还是外部资源。如顾桥（2004）对内部资源与外部资源的划分并不完整，如果按照他的划分，那么就存在这样一个问题，即有些资源并不存在于企业内部，但却能被企业或创业者所能控制，如人脉资源（包括亲属、亲戚、朋友、社会网络等）究竟算是内部资源还是外部资源？若按他的定义，这些资源不在企业内部，因而不是内部资源；另一方面，这些资源也不是所有企业可利用和共享的资源，因此也不是外部资源。故而此分类不能涵盖所有的资源。

关晓丽的分类，把人脉资源直接划分为外部资源，并且这些"外部资源"创业者均能控制，如能借到的人财物等，但没有把共享资源这一真正的外部资源纳入分类并进行比较。

奥肯等（Auken et al.，2009）[①] 提出的初始资源、创业网络和人力资源的分类，即认为初始资源、创业网络以及人力资源都会影响到企业的资源获取行为，他们强调了后两者对企业资源获取的重要性。但他们对这一划分并没有明确初始资源的具体内容。实际上，对创业者而言，其在创业之时的所有资源（包括创业网络和人力资源）都可看作初始资源。这就造成了分类的交叉和冲突。

另外，上述分类方法并没有回答哪些资源是创业者可以控制的资源，这些资源是如何影响创业的？并且，以上分类方法也不能适应当前对创业资源研究的需求，并且在实证研究中不具有可操作性，因此也就无法对创业资源问题进行深入研究。

---

① Auken H. V.，Kaufmann J.，Herrmann P.，"An Empirical Analysis of the Relationship Between Capital Acquisition and Bankruptcy Laws"，*Journal of Small Business Management*，2009，47 （1）：23—37.

鉴于上述分类出现的混乱或不完善，有必要重新分类，理顺关系；另外为了适应对创业资源研究的需要，便于实证分析，必须着重于分类的创新，重构创业资源理论体系。

三 创业资源理论体系的重构

为了对创业资源进行更为深入和系统的研究，更加突出资源对创业的作用机制，以适应当前创业资源研究的需求，并且上升到对创业事业的推动和对创业实践的指导及政府政策的层面，以及在实证检验中满足可操作性的要求，本书将对创业资源进行更加科学、合理的分类。

（一） 创业资源理论体系的重构

按照创业主体是否控制资源，本书将创业资源划分为创业主体所拥有或能够控制的资源（可控资源）以及创业主体不能单独拥有或控制的资源（共享资源）两大类。按照这一划分标准，再进行逐层划分，形成创业分类体系。

1. 可控资源

可控资源即创业主体拥有或能控制的资源，主要包括财富资源、社会网络资源和人力资源。

（1）财富资源

"财富"一词最早出现在《史记·太史公自序》："布衣匹夫之人，不害于政，不妨百姓，取之以时而息财富。"大意是指平民百姓（此处也指代商人）与政治无害、与人民无碍，他们通过长期积累获取财富。"财"指"金融资产"，而"富"指"家底殷实"。"财"与"富"连在一起表示"吃穿用度满足，还有多余的金钱"。时至今日，人类对财富有了更广、更深的认识，本书所指的创业所需的财富资源主要包括物质资源（有形资源）和无形资产（无形资源）。①

---

① 在这里，我们可以把财富资源列为企业内部资源，因而要把社会资源或社会网络分离出来，这些资源是企业外部资源，但又由企业或创业者所掌控，它有着特殊的意义，所以需要单列。

①有形资源

财富资源中的有形资源包括物质资源，如厂房、机器设备、配套基础设施以及创业过程中所需要的启动资金和后续发展资金等，而在财富的有形资源中，我们重点讨论或具体化为资金、可用于抵押的资产和场地等重要资源。

资金。充足的资金有助于加速新创企业的发展。在发展中国家，金融约束是普遍存在的问题。金融约束导致潜在创业者无法得到外部融资或面临一个融资限额，此时个人或家庭自有财富水平是影响创业的重要因素。2015 年，由清华大学中国创业研究中心、中国农业大学 MBA 中心和国家发改委中小企业对外合作协调中心联合发布了《中国百姓创业调查报告》显示，中国百姓创业中 80% 的资金来源来自个人或家庭的积蓄或者借款，而从银行等金融机构融资的比例较小。由此可见，在创业初期，由于其生产和经营都具有较高的不确定性且缺乏可供抵押的资产，使大多数创业者很难通过正规金融渠道获取资金支持，此时，自有财富水平成为创业资金的重要来源之一。

可用于抵押的资产。自有财富水平不仅可以为创业提供资金，还可以通过资产抵押获取银行等金融机构的贷款。由于金融机构和借款人之间存在的信息不对称，使得借款人存在逆向选择和道德风险，导致金融机构不能充分评估借款人的风险和偿付能力，并且不能充分监控其投资行为，以确保借款人能够到期偿还贷款。因此，金融机构需要寻找一个中介，即需要抵押物进行担保以削弱两者之间因信息不对称而产生的信贷风险。此时家庭净资产是衡量借款人信用的有力证据。当潜在创业者存在可抵押资产时，商业银行贷款是其获取短期资金的最为常用的途径。如房产抵押，房地产抵押贷款是指贷款人以其合法拥有的房屋产权向借款人提供贷款担保，以保证偿还债务的行为（杜政清，1997）。自 20 世纪 90 年代以来，房地产业一直处于快速发展的阶段，随着房地产价格的不断上涨使家庭持有资产增加，以家庭住房资产作为抵押物，不仅使银行降低了监督成本，同时也可增加借款人的可贷资金。因而以住房抵押获取银行贷款的方式逐渐成为创业融资的重要途径之一并日益受到学术界的关注。蔡栋梁等（2015）通过研究住房对创业的影响发现，房产抵押通过缓解正规信贷约束为创业提供资金支持，进而影响家庭创业行为。

场地。场地是创业过程中所需的重要物质资源。与此同时，场地内部的基础设施建设也同样为创业提供物质基础支撑。任何创业活动都需要一个场所和平台，这是实施创业计划的首要条件之一。便捷的通信网络系统、高效的物业管理和舒适的商务服务中心、完善的交通和生活配套设施有助于创业顺利开展。在 Barney（1991）的划分中，也将企业在新创过程中的厂房、设备和原材料等资源称为生产经营性资源。由于企业在创业初期缺乏充足的资金和资产，因此，通过租赁来获取需要购买的设备是初创企业获取基础设施和各种设备的一个相当不错的办法。美国的惠普和苹果公司在一间办公室中成立自己的公司，而我国的华为技术有限公司为了节省资金，也是在月租只有三四百元的居民楼中逐渐壮大。

②无形资源

无形资源包括企业名称、商标、商誉、专利、专有技术、组织和营销能力、管理制度、信息资料、企业文化等无形资产。这些无形资源同有形资源一样是创业企业重要的财富资源。

企业名称。企业名称是企业的经营活动中所用的名称，其主要功能是在与其他组织进行交易时，用于区别企业或组织之间的职能和作用。企业名称具有排他性，是企业信誉的外部体现。

商标。商标作为辨别企业产品或服务的标志，是一种重要的无形资源。商标以企业核心价值的外部体现，代表着企业的市场形象。企业通过商标来传达来自企业内部价值和文化的信息，为企业提供具有异质性的身份证明，以达到宣传企业文化、理念的目的。

商誉。商誉是企业在发展中逐渐形成的"知名度"和"美誉度"，是与企业联结的利益相关者对企业品牌和产品等的认同程度。商誉可以为企业发展带来利润和财富，是企业保持竞争优势的重要财富资源。良好的商誉不仅可以吸收优秀人才，也可以提高企业的商业合作机会和金融信贷支持。因此，良好的商誉能够有效提高企业获取关键利益者的支持度。

专利。专利是一种产权明晰，受法律保护的，高度系统化了的知识资源。专利作为一种无形资源，具有排他性、时间性和区域性的特点。正是由于专利这一高度集中的知识资源限制了企业生产经营模式的不可流动和不能模仿，才能使企业保持竞争优势。

专有技术。专有技术是企业拥有和能够控制的知识型无形资源。专有技术是一种区别于一般技术具有保密性和异质性的资源。专业技术在被运用到实践生产中才能发挥其潜在价值，主要包括工艺流程、材料配方、技术规范、经营诀窍等。需要说明的是专有技术和专利之间是有区别的，专有技术是企业独有的技术，具有保密性，而专利受专利法保护是公开的。而且，专有技术并没有时间和地域限制，但专利存在时间和地区上的限制。

组织和营销能力。组织和营销能力首要是组织能力，组织能力强调通过沟通、协调来组建团队，从而发挥团队成员的专业特长、协作和凝聚力。而营销首先是一种手段，当这种手段直接作用在结果上后，便形成了营销能力。组织和营销能力也是企业的无形资源，强大的组织和营销能力能够显著提高企业绩效。

管理制度。管理制度是在企业管理过程中逐渐形成的制度化的组织、控制、协调等活动规范，具体包括企业的管理思想、管理方法、管理手段等。合理的管理制度有利于信息的畅通流动，提高信息的收集、反馈和利用效率，从而提高企业在运作经营中的效率。

信息资料。信息资料包括企业的各类档案、数据、管理数据库以及与以上信息相关的知识、经验和技术。信息是知识形成的基础材料和构成，这些信息被组织起来形成企业的专有知识有助于促进惯性行为的形成从而提高企业运行的效率。

企业文化。企业文化是企业在成长运营中逐渐形成的并能被企业员工接受并遵循的意识、观念。如企业的价值观、发展战略规划和企业使命等。企业文化不仅影响企业员工的价值判断，也影响着企业决策的方式和方法，进而对企业创新绩效产生显著的积极影响。

另外，观念文化对创业的影响也起到不可忽视的作用，积极健康向上的创业文化，包括对失败的创业活动持宽容的态度、崇商重企的理念、通过劳动致富的思想、艰苦奋斗和勇于冒险的精神、团队意识、合作精神和创新精神等不仅可以提升创业活力，激励创业者开创新事业，也可以通过正确评价和肯定创业者行为，鼓励创新、包容失败，重视创业活动，塑造和宣传创业行为模范等活动的示范效应鼓励和引导其他潜在创业者更多地参与到创业活动的实践当中去。我国是传统的关系型社会，特殊的社会文化决定了创业政策的制定需遵循特定的文化背景。差异的社会文化决定了创业影响因素不同，受传统文化的长期影响，"成家立业"的价值观、"层级尊卑"的社会伦理观以及商业文化中强调的"和气生财""朋友多门路多"的观念深刻影响着创业资源的获取进而影响着人们的创业活动。因此，观念文化资源对创业的影响十分重要。

（2）社会网络资源

社会网络是获取外部资源的重要途径，通过间接或直接的方式为潜在创业者带来隐形资源，从而促使创业达成，并有助于企业维持竞争优势和获取经济价值。因此，社会网络资源是一种重要的创业资源。本书的社会网络资源主要是指人脉资源或潜在创业者的社会关系，主要包括原始关系网络和正式关系网络。原始关系网络主要来自家人、朋友、邻居之间，通过个体之间建立的关系网络实现信息共享，创业机会甄别以及资源流动和配置。正式关系网络则是潜在创业者与银行等金融机构、政府机关、商业合作伙伴等建立起来的商务关系。这一关系表现得更为正式和复杂，处于关系网络中不同纽节上的个体和组织之间通过信任、承诺等方式实现常规化的持续互动和合作，以维持高质量的信息共享和交换。

①原始关系网络

在创业过程中，资源是创业成功的基础和保障。而在创业初期，受制于有限的资源条件，资金、设备、人才、技术等资源的匮乏成为阻碍创业成功的瓶颈。因此，在创业准备或启动阶段，潜在创业者的原始关系网络发挥着重要的作用。这种关系网络主要来自家人、朋友和邻居之间建立起来的关系网络，他们之间在互动频率、感情力量和亲密程度等方面都表现得较为牢固和稳定。因此，较容易获取和传递高质量、复杂的和私密性的知识和信息，这种建立在信任基础上的关系网络能够为创业活动提供更为务实的信息和帮助。

②正式关系网络

正式关系网络是指潜在创业者与银行等金融机构、政府机关、商业合作伙伴等建立起来的商务关系。这些个体之间的联系跨越了不同的信息源，使处于关系网络中不同纽节上的个体之间的联结构成了信息交流的桥梁，为其他个体提供无冗余的新信息。因此，这种因业务合作等形成的关系网络更具力量。实践证明，成功的创业家会积极编织与政府机关、商业合作者、客户等有效的社会网络，通过网络结构的联结关系实现信息的流动和共享以发现市场商机，寻找创业机会。社会网络不仅有效减少了信息搜寻成本，还可以通过与利益相关者的联结获取创业实践中有益的经验和建议。新创企业通过与产业链上相关组织或个体的广泛接触和频繁交流，可获取大量的外部知识，减少了机会成本和交易成本，从而促进了自身产品和工艺的创新而获得更大的经济利益。

基于以上分析，可以将社会网络资源的作用归纳为工具性和资源性。社会网络具有工具属性，社会网络有助于获取那些无法通过市场交易购买到的资源，如信誉、信任、品牌等。另外，社会网络也是量化创业企业绩效和价值创造能力的重要指标。社会网络还具有资源属性，社会网络是一种重要的创业资源，潜在创业者或创业团队与外部环境建立起来的关系，是创业宝贵的资源，它为潜在创业者或创业组织所控制。事实上，在公司管理中，公司会尽可能地提供优厚的待遇来拉拢具有丰富人脉资源的员工。因为，掌握了丰富的人脉资源就拓宽了公司的发展空间，有利于公司的成长和业绩的提高，而这种人脉资源就是体现在个体身上的社会网络资源。

（3）人力资源

人力资源主要包括具有劳动力的人以及体现在人身上的能力、知识、技术、态度和激励（肖胜萍，2002）。在知识经济时代，企业的发展离不开"人"这一重要因素，潜在创业者的经验、管理、智慧、品行、观念、勤劳等无形资源对创业组织的发展起到至关重要的作用。随着创业资源研究的逐渐深入，一些学者逐渐意识到人力资源对新创企业的重要性。在创业过程中，资源的开发、资金的运转都离不开人，新企业的发展目标、策略和结构都凝结着创业者和创业团队的思想。创业者开展新事业的意图和计划构成了新创企业的目标、策略和结构，影响着新创企业的发展。创业是以人为本的发展，而不是为了发展而发展。因此，"人"作为创业主体在创业过程中发挥着最为重要的作用。

人力资源中"人"的要素。创业者或创业团队是人力资源的重要组成部分，分析创业者的特质能够更好地理解创业成功的条件。顾桥（2004）认为，狭义上的创业者是创业企业的经营者，而广义上的创业者则更多的指具有创业精神且能够推动企业发展的企业家。对创业者而言，他们自身所具有的不断试验探索和开拓进取的创业精神能显著促进区域产业体系形成和发展，进而带动经济效益的提高。人力资源还包括高级科技人才和管理人才、高水平专家顾问队伍以及合格员工等。丰富和高质量的人力资源可以促进创业活动的开展，保证企业生产过程有条不紊地运行。同时，人力资源有利于现代企业制度的建立。因此，创业者和创业团队是人力资源的重要组成部分。

人力资源的管理要素。不论是创业者还是创业团队，对人力资源的管理也是创业过程中重要的人力资源要素。通过管理逐渐形成的各种经营理念、习俗、习惯、惯例、规章、组织架构、运行机制，以及体现在创业者或管理者身上的管理知识和能力。高水准的管理制度和先进科学的管理体系可以激发企业员工的生产积极性，充分发挥员工的潜能和智慧，使员工保持旺盛的工作热情，不断改进技术，提高企业生产率，进而有助于提高创业资源的积累，促进创业企业成功发展。同时，合理开发和管理人力资源可以减少劳务消耗，使企业通过最小的成本获取最大的经济收益，实现企业的利润最大化、价值最大化。

人力资源的技术要素。员工的知识、技术能力和水平是将各要素有机整合起来发挥出最大生产率的重要保障。如果将技术看作潜在创业者自身拥有的技能，其掌握一定的技术之后再做出创业的决定，则可把技术看作一种最为重要的基础资源，这类创业行为经常发生在科技型企业孵化器中。事实上，科技型中小企业的创业就是基于技术资源基础进行的。同时有些技术是通过学习、培训和经验积累形成的，是在创业过程中通过日积月累体现在人力资本中的一种特质，因此可将这类技术划归为人力资源之中。本书更多地把技术划归在人力资源中，主要从技术资源作为创业者独立研发的角度，考虑技术资源是人力资本的一种体现。人力资本技术资源是通过人力资本积累体现在个体身上的技术资源，是个体体力和智力的结合物。需要通过个体劳动体现出来，因此，从这一角度讲，技术资源具有人本特性。随着知识经济的不断发展，体现在人力资源中的技术要素逐渐成为企业创建和发展中最有价值的创业资源。企业的技术水平决定了各种资源配置的方式，影响着企业的生产流程和管理模式，因此，技术是企业竞争优势的源泉，技术资源的存在形式和特性是影响新创企业发展和竞争的决定因素。也就是说，企业所具有的技术优势不仅有助于其在选择市场空间方面更具选择权，而且也有助于提升产品革新的能力，使企业在激烈的竞争环境中占据一席之地。

人力资源的技术要素主要包括知识性技术资源和人力资本技术资源。知识性技术资源是以逻辑思维形式体现的技术信息束。这一技术资源的特点是技术体现的外在性，便于传播、解读和吸收。因此，可以以相对独立的形式存在。而人力资本技术资源是个体通过积累体现在人身上的技术资源。其特点是不能独立的存在于外部，而是通过人力资本来反映，这一特性也决定了人力资本技术资源难以控制和高流动性的特点。

2. 共享资源

共享资源是指创业主体不能单独拥有或控制的资源，而是由外部环境来提供，包括环境资源和社会资源。其中环境资源主要是指一国或地区的经济制度、投资环境、经济发展水平和社会文化等。而社会资源主要是指政府、金融机构、社会公益组织为创业主体提供的资源。这里的社会资源与可控资源中的社会网络资源有同质性，都具有社会性，但可控资源中的社会网络资源的一个本质特征是创业主体单独拥有或可以控制，而共享资源中的社会资源不是创业主体单独所有，也无法控制。但是，要获取共享资源以及获取的程度依然依赖创业者自身的能力和积极努力。共享资源包括以下内容：

(1) 环境资源

在创业研究中，环境是非常重要的（Zahra，1993），环境因素对创业组织的生存和发展起到一定的支撑作用。环境资源主要包括一国或地区的制度、投资环境、经济发展水平和社会文化等。创业活动的积极与否与一国或地区的政治经济文化有显著的关系。曼朱拉和萨利马斯（Manjula and Salimath，2010）指出，一国或地区的制度对创业类型产生重要的影响。通常而言，鼓励创业的政府会出台积极的政策和法律来促进创业活动。相反地，如果国家不重视创业活动，那么该国的创业活动也就不活跃。

制度对创业的影响主要体现在法律制度、政府政策、市场环境等方面。从法律制度角度讲，成熟完善的法律制度其架构稳定，对产权的界定更加清晰，且具有良好的执行力。因此，在创业过程中节约了交易成本，有效规避各种风险，减少寻租和腐败等行为的发生，为创业者提供行政保护和政策支持，有助于创业活动的开展。从市场环境角度讲，自由完备的市场环境促进资源的有效配置，有助于创业者获取创业机会和资源，且更能激发创造力，有利于创业活动从原始低端向创新型创业类型的转变。从政府政策角度讲，政府政策包括财政政策和货币政策，财政政策通过政府支出和税收来影响创业企业的规模和市场准入等行为。货币政策通过影响通货数量、通胀率的变化以及准备金率等影响金融创新进而对创业的融资产生影响，因此，合理完善的政府政策能够有效地解决创业融资、风险规避和信息不对称问题，从而促进创业活动的开展。事实上，创业环境资源本质上就是一种制度环境（Desai et al.，2003）制度对创业环境的其他因素的影响是非常重要的，规范的制度决定了一国或地区的投资环境、经济发展水平、社会文化等其他环境因素。

适宜的投资环境是培育和发展创业投资的基本前提，对发展高新技术产业起着不可忽视的影响（成思危，1999）。投资环境受政府政策、社会价值观、地区环境等一系列因素的影响，可以说，创业环境中的各因素之间互动关联关系决定了创业环境的优劣。

经济发展水平决定了创业发展的水平和程度。健康强劲的经济发展带来市场需求的增加，使得消费能力和市场容量不断增大，从而带来创业机会，吸引新企业的产生和进入，进而促进创业发展。

社会文化指一国或地区的文化传统、宗教信仰和民族情感等，这些因素都会对创业家精神和创业活动产生影响。我国是传统的关系型社会，特殊的社会文化决定了创业政策的制定需遵循特定的文化背景。差异的社会文化决定了创业影响因素不同，受传统文化的长期影响，"成家立业"的价值观、"层级尊卑"的社会伦理观以及商业文化中强调的"和气生财""朋友多门路多"的观念深刻影响着创业资源的获取进而影响着人们的创业活动。因此，社会文化对创业的影响十分重要。积极健康向上的创业文化，包括对失败的创业活动持宽容的态度、崇商重企的理念、通过劳动致富的思想、艰苦奋斗和勇于冒险的精神、团队意识、合作精神和创新精神等不仅可以提升创业活力，激励创业者开创新事业，也可以通过正确评价和肯定创业者行为，鼓励创新、包容失败，重视创业活动，塑造和宣传创业行为模范等活动的示范效应鼓励和引导其他潜在创业者更多地参与到创业活动的实践当中去。

（2）政府的资金支持

中国各级政府都对创业予以各种资金支持，但政府的资金支持是有一定的选择性的，即选择那些较为优秀的创业者。而支持的种类也很多，可供适合条件的创业者进行选择。

①创业基金。2015 年 11 月，财政部印发《政府投资基金暂行管理办法》，规范和明确了政府创业投资基金运行管理办法。文件规定，为了支持创新创业和中小企业发展，政府出资设立投资基金，由财政部门通过一般公共预算、政府性基金预算、国有资本经营预算等安排资金；同时，鼓励创业投资企业投资初创企业。改善中小企业的企业服务和融资环境，激发创业创新活力。

②农业产业化基金。2012 年 12 月 17 日，由财政部等四家单位共同发起的我国第一支国家级农业产业基金——中国农业产业发展基金成立，该基金主要支持农业产业龙头企业发展，特别是具有发展潜力的创新型中小龙头企业。通过运用投资基金这一工具，为资金缺乏的龙头企业汇集社会资本。这是一种不同于传统形式的扶持方式，是对农业产业化经营扶持的一种创新。

③科技三项费用。为支持科技事业发展，国家陆续设立的新产品试制费、中间试验费和重大科研项目补助费。这为实施中央和地方各级重点科技计划项目提供了重要的资金来源，也是促进科技创新创业的重要资金支持。

④各省市对创业者的资助。各地方政府结合经济发展需要，制定了详细的创业资金扶持政策。例如，四川省政府为促进创业。实施"四川青年创业促进计划"，对符合条件并通过评审的创业青年，通过一定额度的免息、免担保的创业资金贷款，以帮助他们进行创业。对于招收高校毕业生达到一定比例的科技型小微企业，向其提供 200 万元以内的小额贷款，并享受财政贴息。对通过省"千人计划"引进的海外高层次创新创业人才给予资金帮扶，金额在 50 万—100 万元，对引进的创新创业团队，则给予 200 万—500 万元的资金资助。

（3）政府的各种平台支持

2015 年，经李克强总理签批，国务院印发了《关于加快构建大众创业万众创新支撑平台的指导意见》，文件强调要依托"互联网＋"等新技术新模式发展众创、众包、众扶、众筹等"四众"新模式、新业态，构建最广泛的创新平台。

①众创模式。众创模式的核心价值是向创业者和创业团队提供的辅助

创业创新的各种类别、不同程度的基础服务。如培训辅导、融资对接、活动沙龙、财务法务顾问等，这样的平台有创客总部、创客空间、创业咖啡、创新工厂等。

②众包模式。跨专业的创新往往蕴含着巨大的潜力，众包模式就是个体通过积极参与，集思广益，集全社会的思想和智慧于一起，将全社会的资源和信息集中于创业平台上，从而实现高效率合作的模式。在中国，这样的平台如人人猎头、微差事等互联网平台。

③众扶模式。随着大众创业万众创新理念的深入推进，各地各级政府出台了很多支持创新创业的政策措施，这极大地鼓励了创业创新人才参与的积极性，逐步形成了上有政策扶持，企业、社会广泛协同，全社会积极响应的"大众创业、万众创新"立体众扶新合力。极大地促进和发展了互助互扶的众扶文化。一些新兴创业平台创新服务平台正在快速兴起，如众创空间、创业沙龙、创业社区等。

④众筹模式。众筹模式（又称"众筹融资模式"）是与互联网结合产生的新型直接融资模式。众筹（crowdfunding）是指众筹项目的管理人依托于在互联网上搭建的平台通过团购或者预购的方式向潜在的投资者吸引资金的行为。众筹融资平台依托迅速发展的互联网金融打破了传统融资在物理距离和空间上的约束，扩大了创业者的融资范围。

（4）社会金融支持

①创业投资基金（简称创投）。创业投资基金自20世纪40年代诞生以来在企业成功创建过程中发挥了重大作用。根据资本来源不同，创业投资基金分为政策性创业投资基金和商业性创业投资基金。政策性创业投资基金根据政府出资形式和占比不同，又可以分为政府独资创业投资基金、政府控股创业投资基金、政府参股创业投资基金和创业投资政府引导基金。商业性创业投资基金是指由一群具有科技或财务专业知识和经验的人士操作，投资到发展潜力大、成长快速的公司。

②金融机构。银行等金融机构对于创业的扶持主要是发放创业贷款资金，提供其他金融服务。针对不同的创业主体，各金融机构提供具有一定差别的扶持和服务内容，主要分为大学生、农民、小微企业和特殊群体的扶持。

（5）社会公益组织

为了扶持创业，形成"大众创业、万众创新"的新浪潮，社会公益组织也参与其中，具有代表性的组织有中国青年创业国际计划和中国创业协会。

①中国青年创业国际计划（YBC）。该项目主要通过接受社会捐赠或资助的形式，以帮助青年培养创业精神、提高创业能力，促进创业成功。

②中国创业协会。中国创业协会是由国内众多企事业单位、政府机关和其他社会组织组成的非营利性组织，创业者可以通过该组织获取最全面的政策信息，为创业者提供技能、人员和资源支持。

以上社会资源，如政府资金支持、政府平台支持、社会金融扶持、社会公益组织等资源构成了社会对创业者的扶持，简称"社会扶持"，从而形成本书另一重要内容——社会扶持。

根据以上对创业资源分类的论述，我们可以把创业资源的分类结构概述为图4－1所示：

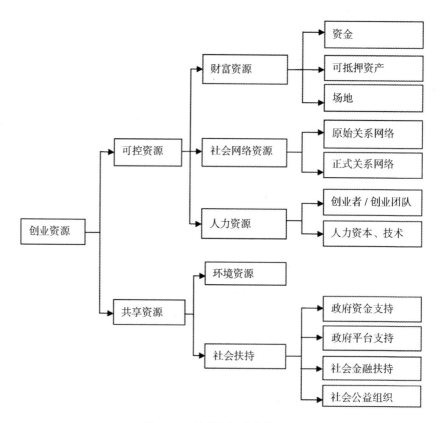

图4－1　创业资源分类体系图

（二）创业资源分类理论体系重构的意义

资源是影响创业的关键因素。一方面，创业需要一定的资源基础，充足的资源基础有利于创业活动的顺利开展。由于资源稀缺性的特点，当创业者的自有资源不能满足创业活动需求时，需要创业者通过外部环境的沟通和联系来搜寻所需资源。另一方面，资源基础理论认为，企业的特殊资源是企业竞争优势的主要来源。而这种特殊资源所具备的价值、异质性被企业所运用，会产生新产品、新工艺和新设备，当这些资源被运用到生产中就为企业带来超额利润。因此，资源的异质性决定了创业组织的发展轨迹。基于以上分析，本书将创业资源按照资源的可控性分为创业主体拥有或能控制的资源（可控资源）和共享资源。

1. 理论意义

对创业资源分类的重构有助于对创业资源问题进行深入的实证研究及检验，使得对该问题的研究进入更高的程度、更深的领域。在下一章中，本书将对企业或者创业者拥有或者控制的财富资源、社会网络资源和人力资源这三大资源采用计量经济学模型进行实证检验，以分析这些创业资源对当前中国创业的影响。

2. 实践意义

把创业资源划分为企业或创业者所拥有或能控制的创业资源（可控资源）与共享资源，就明确了创业资源的来源，哪些属于创业者自身所拥有或可控制的，哪些属于社会提供的共享资源。这就明确各自的职责。创业者所自身拥有的资源依赖于个人收入的提高，而共享资源则依赖于国家和社会经济发展水平的提高和对创业事业的重视。当然，个人收入水平的提高也与国家经济发展水平密切相关，或者说二者有间接关系。对于共享资源的具体内容，牵涉到整个社会对创业资源的供给，如果要扩大共享资源量，实质上就是要增加社会扶持，也就是说，共享资源与社会扶持相对应。因此，有关共享资源，本书将在第六章创业的社会扶持中加以探讨。

四　研究假设

从资源的角度来看，创业实质上是资源识别、获取和整合的过程。在创业种子期，潜在创业者首先会衡量自身拥有或者能够控制的资源并利用可控资源实现资源的重新配置。潜在创业者的财富水平是决定创业与否的重要资源，为创业活动的开展提供基本的物质保障。由于资源是稀缺的，潜在创业者不可能完全掌控创业所需资源。而外部环境是获取创业资源的重要补充，基于此，潜在创业者可以利用社会网络资源与外部组织的"联合"以获取和控制创业资源。因此，社会网络在创业过程中既是一种重要的创业资源，具有资源属性，同时也是信息获取的渠道，发挥着信息共享的工具属性。人力资源不仅有助于识别创业机会，而且当创业者获取了与创业匹配的资源之后，还需要借助人力资源优势，以实现创业资源的有效整合。因此，在创业过程中，潜在创业者所拥有的人力资源不仅是决定创业与否的重要因素，也是影响创业成败的关键。丰富的人力资源能够使资源得到有效配置，从而提高创业效率。

　　基于以上分析，本书认为创业资源对创业的影响机制主要体现在资源基础、资源识别、资源获取和资源整合等方面。具体表述如图 4-2 所示。

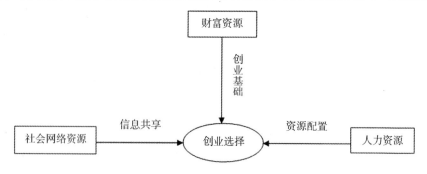

图 4-2　创业资源对创业选择的影响方式

　　创业资源是创业的基础和保障。为了深入分析创业资源对创业的影响机制，本书在重构创业资源分类体系的基础上，将创业资源引入创业主体行为决策模型中，并提出以下三个假设：

　　1. 财富资源对创业的影响

　　在创业过程中，资金匮乏是创业者面临的最大障碍之一，如科技研发资金、生产资金、营销资金等。由于信贷约束的存在，潜在创业者不能通过资本市场获取与创业需求相匹配的资金。此时，潜在创业者的自有财富水平为创业顺利进行提供有力保障。潜在创业者利用自有财富资源如资金、可抵押的资产、场地等为创业提供物质基础。

基于以上分析，本书提出假设 H1：财富资源越多，则创业概率越高。

2. 社会网络资源对创业的影响

潜在创业者的人脉关系不仅可以提供创业资金支持，而且通过关系网络中的信息共享机制，可以为其带来潜在的创业机会。丰富的社会网络资源不仅可以拓宽融资渠道，缓解正规信贷约束，通过社会网络建立起来的亲缘、血缘、地缘等亲朋好友关系为创业者提供了信息、资源以及精神上的支持和鼓励。

基于此，本书提出假设 H2：丰富的社会网络资源通过信息共享、缓解信贷约束以及拓宽融资渠道，能够提高创业概率。

3. 人力资源对创业的影响

潜在创业者的教育水平、经验、技能以及管理知识等人力资源对创业活动开展具有重要影响。创业过程中，丰富的人力资源可以提高潜在创业者对创业机会的识别。潜在创业者通过实践积累的经验、技能和知识等是创业成功之本，是潜在创业者宝贵的财富。丰富的人力资源有利于创业团队成员之间的协作，从而顺利解决面临的各种问题，提高创业组织的运作效率。技术要素是人力资源的重要体现，是个体通过日积月累地体现在人身上的一种特质。技术资源是创业组织得以生存的前提和必要条件，也是创业组织的核心竞争力。

基于此，本书提出假设 H3：丰富的人力资源有助于创业机会的识别和创业资源的整合，从而可以提高创业选择概率。而潜在创业者的技术资源能够显著促进创业行为。

不同类型的创业资源对创业产生不同的影响，因此，本书将在第五章中详细检验各创业资源对创业的影响机制。

五　本章小结

本章在总结创业资源的概念的基础上，对创业资源的分类进行回顾，发现现有文献从资源的形态、属性和利用方式等角度对创业资源进行分类，体现了资源的不同用途，扩展了创业资源的理论研究维度，但这些分类标准并不符合资源效用价值性、稀缺性、不可模仿性和难以替代性的标准。而且有些关键的分类在逻辑上仍然存在不足。

为了对创业资源进行更为深入和系统的研究，以突出资源对创业的作用机制，适应当前创业资源研究的需求，并上升到对创业事业的推动和对创业实践的指导及政府政策的层面，以及在实证检验中满足可操作性的要求，本章对创业资源体系进行了重构。按照创业主体是否控制资源，将创业资源划分为创业主体拥有或控制的资源（可控资源）与创业主体不能单独拥有或控制的资源（共享资源）两大类。前者包括财富资源、社会网络资源和人力资源；后者包括环境资源和社会扶持。进一步，本书分析了创业资源对创业的影响方式，并提出相关假设，并将在第五章对各类创业资源进行详细的实证分析，以期全面考察创业资源对创业的作用方式。

第五章 创业影响因素实证分析

本章在重新构建创业资源理论体系的基础上，进一步实证研究创业资源对创业的影响机制。鉴于前文按照创业资源的用途，可将潜在创业者可控资源划分为财富资源、社会网络资源和人力资源。个人或家庭的财富水平是潜在创业者的最主要财富资源之一，对创业起到显著的影响，因此本书选取财富资源这一重要变量来实证研究其对创业的影响。此外，社会网络资源是获取外部资源的重要通道，通过直接或间接的方式为潜在创业者带来所需资源，本书在已有的文献的基础上，选取社会网络这一重要变量进一步探讨其对创业的影响机制。在创业过程中，"人"是创业资源的掌控者，以素质、能力、技术为代表的人力资源也是重要的创业资源。因此，本书进一步研究人力资源（包括技术因素）对创业的影响。

一 数据说明

本书所采用的数据来自西南财经大学中国家庭金融调查与研究中心于2011年收集的中国家庭金融调查数据（简称 CHFS 2011），CHFS 2011 是基于全国25个省（自治区、直辖市）的80个县、320个社区共8438个家庭的抽样调查数据汇总整理形成的，数据涉及住房资产和金融财富、负债和信贷约束、收入、消费、社会保障和保险、代际的转移支付、人口特征和就业情况、支付习惯等方面，全面、客观地反映了当前我国家庭金融的基本状况，并为本书研究提供了可靠的数据支持。

（一）调查说明

财富分配、家庭资产配置、家庭的高储蓄等家庭金融问题可能会对宏观经济变量产生非常大的影响。以微观数据为基础的科学研究是深入把握当前国内的经济、金融等问题的重要数据支撑。因此，家庭金融作为金融系统的有机组成部分正受到学术界的广泛关注。而家庭金融数据的缺失成为科学研究以上问题的阻碍，因此，在这一背景下，中国家庭金融调查数据问世无疑为这些问题的研究提供了数据支撑。中国家庭金融调查收集的微观层次的信息主要包括：住房资产和金融财富；负债和信贷约束；收入；消费；社会保障和保险；代际的转移支付；人口特征和就业情况；支付习惯等方面。这一数据无论是对政策制定者制定相关的经济金融政策，还是对科研研究者的设计或研究都具有重要的参考价值。通过从不同角度对数据的深入分析，不仅推进了家庭金融研究在中国的开展，促进这一领域在理论和政策方面研究的进步。同时，中国家庭金融调查数据包括的资产、负债、就业创业、收入和支出、就业、保险、保障等家庭层面信息，可以对家庭的理财行为有更加清晰的认识，为经济金融政策的制定提供参考。

（二）抽样情况

CHFS 2011 的抽样设计包括整体抽样方案和绘图与末端抽样方案两个方面，这样的抽样设计是为了更好地保障样本的随机性和代表性。

1. 整体抽样方案

总体而言，CHFS 2011 数据的整体抽样方案采用了分层、三阶段与规模度量成比例（PPS）的抽样设计。

初级抽样单元（PSU）为全国 2585 个市/县，这其中不包括西藏、新疆、内蒙古和港澳地区。按照人均 GDP，将 2585 个市县分成 10 层，再以市县人口数为权重并采用 PPS 抽样法，在每个层内抽取 8 个市县，共得到 80 个市县。为确保样本涵盖全国 25 个省，在抽取样本时，考虑了抽取出的市县样本的地理分布情况，在最终抽取出的涵盖 25 个省份 80 个市县的样本中，东、中、西部省份的比例为 32∶27∶21。

第二阶段抽样将直接从市/县中抽取居委会/村委会，这一阶段的关键在于对城镇样本和农村样本比例的合理分配。必须按一定的原则和方法，分别按照各居委会（村委会）的居民户数进行 PPS 抽样，抽取出的 320 个居委会/村委会中，城镇样本数为 181，农村样本数为 139。

第三阶段抽样是末端抽样阶段。即从给定居委会/村委会的住户清单列表中抽取访户。设定农村地区抽取的户数统一为 20 户。而在城市地区，则将收集的各社区的平均住房价格信息作为社区富裕程度的衡量指标。按照住房价格由高到低的顺序，将各社区分成四个组，对住房价格最高的组抽取样本设定为 50 户；而在住房价格最低的组则设定为 25 户，以达到进一步抽取富裕家庭的目的。

2. 末端抽样方案

CHFS 2011 的绘图采用项目组自行研发的地理信息抽样系统，借助 3G（遥感、GPS、GIS）技术解决了目标区域空间地理信息的采集问题。借助地理信息研究所提供的高精度数字化影像图和矢量地图，绘图员在野外通过电子平板仪加上 GPS 定位获取高精度的测量电子数据，并直接输入计算机系统中，从而获得高质量矢量底图。考虑到地图数据的时效性，通过后期实地核查人工修正的方式对空间地理数字模型进行修正，建立起与现实地理空间对应的虚拟地理信息空间。基于绘图工作生成的住户清单列表，对末端抽样采用等距抽样的方式进行。首先对间距之间多少户抽选一个家庭进行计算；其次是确定随机起点；最后是确定抽中住户。依次类推，直至抽满 30 户为止。

（三）问卷结构

CHFS 2011 问卷包含人口统计学特征、资产和负债、保险和保障以及支出和收入四个部分。

第一部分中包含了详细的过滤问卷、家庭成员基本信息、工作及收入信息、受访户的主观态度等问题。

第二部分中包含了详细的非金融资产，如生产经营项目、房产、土地、车辆以及其他非金融资产等；还包括如活期存款、定期存款、股票债券、基金、衍生品、金融理财产品、非人民币资产、黄金、现金以及借出款等金融资产；负债包括教育负债、信用卡及其他等。

第三部分中包含了如社会养老保险及企业年金、医疗保险、失业保险以及住房公积金等社会保险项目，以及商业人寿保险、商业健康保险、商业养老保险、商业财产保险、其他商业保险等商业保险项目。

第四部分中的支出包含了消费性支出、转移性支出、其他支出等，收入包含了转移性收入、其他收入以及其他等项目。

二　财富资源与创业实证研究

资金是企业发展的血液，是企业生存的基础，影响着企业生产经营的整个过程。在创业过程中，存在最低资金门槛。由于存在金融约束现象，创业主体不能通过外部融资获得足够的创业资金，此时自有财富水平将成为影响创业的重要因素。大量的文献也都证实，在流动性约束存在的情况下，财富水平对创业存在重要影响，基于这样的现实和理论背景，有必要对新形势下财富水平对创业的影响进行再次研究；另外，本书还重点考察了住房这一重要的家庭财富指标对创业的影响，以期在验证已有结论的同时丰富创业研究内容。

（一）变量选取

1. 家庭创业

家庭作为最古老、传统的社会组织之一，至今保留着它的形式和内核，构成了社会生产、生活的细胞，也是最基本的社会生活组织形式（张营利，2011）。"家庭创业"是当前社会经济快速发展以及城乡一体化进程加快的产物，随着城乡一体化进程的不断推进，城市近郊的失地农民不仅由传统的分散居住向小区集中居住形式的转变；同时其身份也由传统意义上的农民向城市市民身份的转换，而衡量这一转换过程是否成功的关键就是就业方式的转变，以创业带动就业，以创业带动家庭经济条件的改善进而提高家庭居民收入为目的的家庭创业应运而生。随着家庭创业研究的不断深入，越来越多的学者发现家庭创业不仅仅局限于城市近郊农民身份转换中的创业行为，戴尔（Dyer，2003）指出，家庭自有资产通常是自营工商业创业的初始资产，以家庭为研究对象可以更好地解释家庭自营工商业的存在和发展。

因此，家庭创业就是指创业者以家庭为单位对自己拥有的资源或通过努力获取资源进行重新优化和整合，并利用这些资源创造出更大经济或社会价值的过程。本节在参考相关文献的基础上，结合 CHFS 2011 数据特点，以家庭作为创业行为的研究主体，关注了调查问卷中"去年，您家是否从事工商业经营项目"这一问题。将是否从事工商业活动划分为创业（回答：是）与非创业（回答：否）。①

2. 家庭财富水平

总资产是家庭财富最主要的构成，在 CHFS 2011 数据的第二部分中包含了家庭资产和负债的详细信息，家庭总资产主要包括生产经营性资产、房屋资产、土地资产、车辆资产、耐用品资产和奢侈品资产等非金融资产，以及存款、股票、债券、基金和黄金等金融资产，本书选取家庭总资产（非金融资产和金融资产）来衡量家庭财富水平。随着我国经济快速发展以及国民金融知识的不断积累，金融产品成为越来越多人投资选择之一，金融资产在总资产中的比重不断提高。另外，值得注意的是随着我国房价的不断攀升，家庭住房价值不断增加，而从近年来我国家庭各类财产结构来看，房屋财产已成为我国家庭财产的主要部分（刘兰凤、袁申国，2011），房产不仅可以为家庭创业提供生产经营场所，而且作为较优质的不动产抵押是目前家庭创业从银行获取贷款的良好渠道（廖湘岳、戴红菊，2007）。因此，房产这一重要的家庭财富指标对创业的影响是值得关注的问题。

3. 信贷约束变量

为了深入分析家庭财富水平对创业的作用机制，本书还分析了家庭财富水平与正规信贷约束之间的关系。CHFS 2011 数据中对访户进行了这样的访问：首先询问了"是否有银行贷款"，如果没有，则继续询问"该项目为什么没有银行贷款？"选项为："①不需要；②需要，但没有申请；③申请过被拒绝；④曾经有贷款，现已经还清。"本书选择选项②③的家庭界定为受到信贷约束。

4. 其他控制变量

这些变量包括家庭人口、户主性别、户主年龄、户主的风险态度（风险偏好、风险中立、风险厌恶）、户主的主观幸福感（主观幸福、主观一般、主观不幸福）、户主受教育水平、户主婚姻状况、户主的党员身份等变量。

（二）模型说明

二元 Probit 模型常用来分析被解释变量是 0、1 变量，该模型假设事

---

① 需要说明的是农户生产经营活动如农业、林业、牧业、渔业等不在本部分的研究范围之内。

件发生概率服从累计正态分布函数，可以解释个体的特征变量与该个体所做的某一个二元选择概率之间的关系。本书的被解释变量正是这样的二值变量，因此，使用该模型对影响创业的因素进行研究，符合本书的研究目的。但是要分离出财富水平对创业行为的影响是非常困难的，因为变量之间可能存在着相互决定和交互影响的问题，这在计量经济学中称为"内生性"问题。

对于财富水平和创业来说，一方面，创业越成功的家庭其财富水平越高，进而更加促进了家庭的创业活动，形成一种"马太效应"。另一方面，实证分析中可能存在家庭传统和偏好等变量的遗漏，导致了家庭财富的内生性。如果家庭财富存在内生性而直接采用 Probit 模型进行估计，将会导致变量的估计值存在偏差。为了避免内生性问题导致估计结果的偏差，本书选取工具变量进行两阶段估计，以期得到准确的估计结果。基于以上原理，本书建立财富水平与创业关系模型如下：

$$Prob(Y=1) = \Phi(Z) = \int_{-\infty}^{Z} \varphi(\upsilon)\, \mathrm{d}\upsilon \tag{1}$$

$$Z = \beta_0 + \beta_1 W^* + \sum_{k=2}^{k} \beta_i X_{ki} \tag{2}$$

$$W^* = \alpha_0 + \alpha_1 \ln aW + \varepsilon \tag{3}$$

式（1）和式（2）是家庭创业的概率选择模型，式（3）是诱导公式，其中 W^* 代表家庭财富水平，$\ln aW$（家庭所在小区（村）除本家庭以外的其他家庭的平均财富）是财富水平的工具变量；Y 表示是否进行家庭创业（$Y=1$ 表示家庭创业，$Y=0$ 表示没有进行家庭创业）；X 表示家庭的一组特征变量，包括家庭人口、户主性别、户主年龄、户主的风险态度（风险偏好、风险中立、风险厌恶）、户主的主观幸福感（主观幸福、主观一般、主观不幸福）、户主受教育水平、户主婚姻状况、户主的党员身份等变量。与此同时，式（1）和式（2）也可以用来分析正规信贷约束的概率模型，即 Y 表示是否存在正规信贷约束（$Y=1$ 表示存在正规信贷约束，$Y=0$ 表示不存在正规信贷约束），其他变量与家庭创业的概率选择模型一致。

为了考察住房相关变量对家庭创业的影响，建立如下模型：

$$Prob(Y_i = 1 \mid X_i) = F(\alpha_0 + \alpha_1 House_i + \sum_{k=2}^{k} \alpha_k W_{ki}) \tag{4}$$

式（4）中，Y_i 表示是否进行家庭创业。$House_i$ 表示第 i 个家庭的住房相关变量，W_{ki} 表示家庭信息和户主信息等一系列控制变量。

（三）描述性统计

从表 5-1 报告的描述性统计结果可以发现：（1）在 CHFS 2011 样本家庭中，有 1124 户选择创业，占比为 13.33%，表明我国家庭创业比例较低，这些家庭创业的形式大多以个体户或者个体工商户为主，占比约为 86%；（2）家庭财富三个代理变量的均值分别为 65.74 万元、6.23 万元和 52.50 万元，房屋资产在总资产中占据了 79.86% 的比重。房屋数量平均为 0.908 套，大部分家庭拥有自有住房，少部分家庭仍然没有自有房屋。从家庭对房价的预期来看，约 72% 的家庭认为未来房价还会持续上涨，18% 的家庭预期未来房价不会再有变化，而 10% 的家庭认为未来房价会有下降的趋势，总体上看，家庭对于未来房价的上涨预期是大众预期。（3）其他变量方面，在 3574 个样本中，有 19% 的家庭受到正规信贷约束，家庭成员数平均为 3.477，体现我国大部分是三口或者四口之家，信息获取渠道数量平均为 2.075，平均有两种左右的信息获取渠道。风险厌恶的比重高达 60.7%，通过这一数据也反映出我国金融资产不高的原因，即大部分金融资产存在风险。

表 5-1　　　　　　　　变量的描述性统计

变量	变量定义	均值	标准差
家庭创业	家庭是否创业（是 =1，否 =0）	0.133	0.34
总资产	家庭总资产（万元）	65.74	136.67
金融资产	家庭金融资产总额（万元）	6.231	44.325
房屋资产	家庭房屋资产总额（万元）	52.502	94.708
家庭成员数	家庭成员人数（人）	3.477	1.548
信息获取渠道	家庭信息获取渠道数量（种）	2.075	1.151
男性	户主性别（男 =1，女 =0）	0.732	0.443
汉族	户主民族（汉族 =1，其他 =0）	0.971	0.168
中共党员	户主党员身份（是 =1，否 =0）	0.17	0.375
年龄	户主的年龄（岁）	49.931	14.061

续表

变量	变量定义	均值	标准差
正规信贷约束	是否存在银行信贷约束（是 = 1，否 = 0）	0.19	0.392
房屋数量	家庭持有房子数量（套）	0.908	0.289
风险喜好	风险喜好 = 1，其他风险 = 0	0.135	0.342
风险中立	风险中立 = 1，其他风险 = 0	0.258	0.438
风险厌恶	风险厌恶 = 1，其他风险 = 0	0.607	0.489
主观幸福	主观幸福 = 1，其他 = 0	0.634	0.482
主观一般	主观一般 = 1，其他 = 0	0.3	0.458
主观不幸福	主观不幸福 = 1，其他 = 0	0.066	0.249
预期房价上升	预期房价上升 = 1，其他 = 0	0.719	0.449
预期房价不变	预期房价不变 = 1，其他 = 0	0.181	0.385
预期房价下降	预期房价下降 = 1，其他 = 0	0.1	0.3

进一步，本书考察了创业家庭与未创业家庭的资产分布情况。从图 5 - 1 显示的金融资产、房屋资产以及总资产分布图来看，未创业家庭的财富资源明显低于创业家庭的财富资源分布，选择创业的家庭平均总资产、金融资产和房屋资产分布分别为 133.13 万元、74.22 万元和 12.06 万元，而未创业的家庭其资产分布分别为 55.41 万元、49.06 万元和 5.33 万元。因此，从财富资源的分布图可以看出，创业与财富资源存在正向作用关系，财富资源对创业具有一定的支持作用；反之，创业也能带来财富资源的增加。

（四）财富水平对创业的影响分析

1. 财富水平对创业的影响

表 5 - 2 报告了家庭财富水平对创业的估计结果。从表中可以看到，代表家庭财富水平三个变量的边际效应（Marginal Effects）分别为 0.0422、0.0223 和 0.027，且均在 1% 的置信水平下显著，表明家庭财富水平对创业有显著的促进作用。说明家庭财富越多，家庭创业的概率越大。这是因为家庭财富越多，其跨越创业启动资金最低门槛的概率越大，或者从正规金融机构和非正规金融机构获得贷款的可能性越大，从而家庭

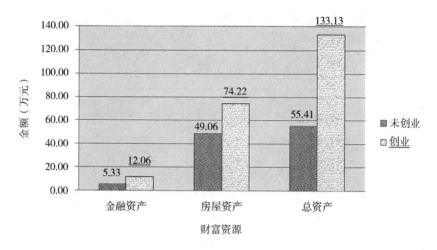

图 5 - 1　家庭财富资源分布图

创业的可能性越大。

　　控制变量方面，家庭成员人数和男性户主对家庭创业有显著的促进作用。家庭成员人数在三个模型中均在 1% 的置信水平下对创业有显著正向影响。在模型 1 中，家庭成员人数和男性户主的边际效应分别为 0.0213 和 0.0231，表明家庭成员人数增加 1 人，家庭创业的概率提高 2.13%，即家庭成员人数越大，家庭创业的概率越大，这一结论与张海宁等（2013）结论一致。而年龄和中共党员身份对家庭创业有显著的负向影响，且均在 1% 的置信水平下显著。在模型 1 中，其边际效应分别为 -0.0026 和 -0.0746，表明年龄增加 1 岁，家庭创业的概率减少 0.26%，即年龄越大，创业的激情和动力越小，创业的可能性越小，这与埃文斯（Evans，1989）以美国为例研究发现 40 岁以下的年轻人没有足够的时间来积累创业所必需的资本从而导致年轻人创业概率较低的结论存在差异。而中共党员身份则会使家庭的创业的概率下降 7.46%。风险喜好家庭对创业有正向影响，但是不显著，但风险厌恶家庭对创业有显著负向作用，均在 5% 的置信水平下显著。这说明家庭的风险态度对家庭创业有一定的作用，偏好风险的家庭倾向于冒险，因此更愿意选择去开创新事业，对于风险厌恶的家庭而言，他们更倾向于选择稳定的家庭收入来源，从而会减少从事具有风险性的家庭创业活动。这一结论也与尹志超等（2015）的研究结果一致。家庭主观幸福感对创业也有一定影响，在所有模型中，主观幸福的系数均为正，而主观不幸福的系数全部为负，表明家庭成员感觉越幸福，其创业可能性越大。

表 5 - 2 财富水平与家庭创业：Probit 模型估计

变量	被解释变量：家庭创业		
	模型 1	模型 2	模型 3
家庭总资产对数	0.0422***		
	(0.0027)		
金融资产对数		0.0223***	
		(0.0018)	
房屋资产对数			0.0270***
			(0.0028)
家庭成员数	0.0213***	0.0220***	0.0235***
	(0.0025)	(0.0026)	(0.0026)
获取信息渠道	-0.0052	-0.0016	0.0005
	(0.0034)	(0.0035)	(0.0036)
男性	0.0231***	0.0155*	0.0275***
	(0.0086)	(0.0090)	(0.0092)
汉族	0.0505**	0.0478*	0.0421
	(0.0250)	(0.0263)	(0.0257)
中共党员	-0.0746***	-0.0722***	-0.0681***
	(0.0112)	(0.0116)	(0.0117)
年龄	-0.0026***	-0.0030***	-0.0030***
	(0.0003)	(0.0003)	(0.0003)
风险喜好	0.00550	0.0129	0.0156
	(0.0113)	(0.0118)	(0.0118)
风险厌恶	-0.0231***	-0.0225**	-0.0259***
	(0.0088)	(0.0091)	(0.0093)
主观幸福	0.0058	0.0072	0.0117
	(0.0082)	(0.0085)	(0.0087)

变量	被解释变量：家庭创业		
	模型 1	模型 2	模型 3
主观不幸福	− 0.0299*	− 0.0185	− 0.0366*
	(0.0179)	(0.0188)	(0.0191)
样本数	7667	7328	7061
Pseudo R^2	0.1042	0.0844	0.0785

注：***、**、*分别表示参数在 1%、5%、10% 水平下显著；表中报告的是估计的边际效应；括号内报告了稳健标准误；样本缺失值导致了部分样本数减少，以下各表与此相同。

表 5 - 2 中的估计都是假设家庭财富变量为外生变量的回归结果，由于家庭财富可能存在内生性，一方面是家庭财富与家庭创业之间存在交互影响的关系，家庭创业越成功使得家庭更加富有，进而更加促进家庭创业的成功，形成一定"马太效应"；另一方面，变量选取中可能存在家庭传统和偏好等变量的遗漏，导致了家庭财富的内生性。因此，不考虑财富内生性下的直接 Probit 模型可能导致估计结果出现偏差。为了规避这一问题，本书选取工具变量进行两阶段估计，以期得到准确的估计结果。选取家庭所在小区（村）除本家庭以外的其他家庭的平均财富（对应的总资产、金融资产和房屋资产）作为财富水平的工具变量，选择这一变量作为工具变量是基于如下思考：一方面，所在小区（村）除本家庭以外的其他家庭平均财富反映所在小区（村）的富裕程度和生活层次，所以该工具变量与所在家庭变量密切相关。另一方面，所在小区（村）除本家庭以外的其他家庭平均财富与这个家庭是否进行创业没有直接关系，故而符合工具变量的选取条件。表 5 - 3 报告了使用家庭所在小区（村）除本家庭以外其他家庭的平均财富作为工具变量的分析结果。

表 5 - 3 结果显示，用 Wald 检验家庭财富水平代理变量总资产内生性结果，显示 p 值为 0.0000，在 1% 的置信水平下拒绝变量外生性的假设，说明家庭总资产对创业行为存在内生性。在两阶段工具变量估计中，模型 1 的第一阶段估计 F 值为 2940.5，工具变量 t 值为 54.23，在 1% 的置信水平下显著，根据 Stock - Yogo（2005），F 值高于在 10% 偏误水平下的

临界值 16. 38，表明不存在弱工具变量问题，由此，家庭所在小区（村）
除本家庭以外其他家庭的平均总资产作为总资产的工具变量是合适的。在
模型 1 的工具变量分析结果中，总资产的边际效应为 0. 0238，且在 1% 的
置信水平下显著，低于表 5 - 2 模型 1 中的边际效应。从而说明变量内生
性导致估计结果存在偏差。

表 5 - 3　　　　　　　财富水平与家庭创业：IV - Probit 模型估计

变量	被解释变量：家庭创业		
	模型 1	模型 2	模型 3
家庭总资产对数	0. 0238***		
	(0. 0043)		
金融资产对数		0. 0325***	
		(0. 0052)	
房屋资产对数			0. 0187***
			(0. 0037)
家庭成员数	0. 0211***	0. 0224***	0. 0233***
	(0. 0025)	(0. 0026)	(0. 0026)
获取信息渠道	0. 0023	- 0. 0066	0. 0038
	(0. 0036)	(0. 0042)	(0. 0037)
男性	0. 0199**	0. 0146	0. 0237**
	(0. 0085)	(0. 0090)	(0. 0092)
汉族	0. 0518**	0. 0450*	0. 0433*
	(0. 0248)	(0. 0265)	(0. 0256)
中共党员	- 0. 0627***	- 0. 0807***	- 0. 0626***
	(0. 0112)	(0. 0123)	(0. 0118)
年龄	- 0. 0031***	- 0. 0028***	- 0. 0032***
	(0. 0003)	(0. 0003)	(0. 0003)
风险喜好	0. 0088	0. 0119	0. 0170
	(0. 0112)	(0. 0119)	(0. 0118)
风险厌恶	- 0. 0268***	- 0. 0186**	- 0. 0266***

变量	被解释变量：家庭创业		
	模型 1	模型 2	模型 3
	（0.0087）	（0.0094）	（0.0093）
主观幸福	0.0105	0.0040	0.0123
	（0.0081）	（0.0087）	（0.0087）
主观不幸福	− 0.0344*	− 0.0117	− 0.0381**
	（0.0176）	（0.0192）	（0.0190）
样本数	7667	7328	7061
一阶段估计 F 值	2940.5	1121.54	5926.87
工具变量 t 值	54.23	33.49	76.99
Wald 检验	28.85	4.57	11.61
（p 值）	0.0000	0.0326	0.0007

在模型 2 中，用 Wald 检验金融资产内生性的结果显示 p 值为 0.0326，在 5% 的置信水平下，拒绝外生性的假设，说明金融资产对创业行为存在内生性。金融资产变量的第一阶段估计 F 值为 1121.54，远高于 Stock – Yogo 在 10% 偏误水平下的临界值 16.38，工具变量 t 值为 33.49，在 1% 的置信水平下显著，表明不存在弱工具变量的问题。通过 IV – Probit 模型估计，金融资产的边际效应为 0.0325，且在 1% 的置信水平下显著，高于表 5 – 2 模型 2 中金融资产的边际效应。

在模型 3 中，用 Wald 检验内生性结果，显示 P 值为 0.0007，在 1% 的置信水平下拒绝外生性的假设，说明房屋资产对创业行为存在内生性。房屋资产变量第一阶段估计 F 值为 5926.87，也远高于 Stock – Yogo 在 10% 偏误水平下的临界值 16.38，工具变量 t 值为 76.99，在 1% 的置信水平下显著，表明不存在弱工具变量的问题。模型 3 实证结果显示，房产变量对创业的边际效应为 0.0187，在 1% 的置信水平下显著。从这一角度来讲，住房的财富效应显然是促进家庭创业的，这一结论也与吴晓瑜等（2014）的研究结论一致。

从表 5 – 3 报告的工具变量 Probit 模型结果来看。代表家庭财富的三个变量对家庭创业的边际效应均为正向影响，且均在 1% 的置信水平下显著，表明家庭财富对家庭创业具有显著的正向影响，家庭财富水平越高，家庭创业的概率越大，这一结论与和甘宇等（2015）以及卢亚娟（2014）研究结论一致。埃文斯和约万诺维奇（Evans and Jovanovic，1989）研究也有相似的研究结论，他们认为由于外部融资不可得或不足，较富有的家庭更可能选择创业。这一研究结论也揭示了信贷约束的存在，使家庭创业者难以获得足够的资金，从而制约了家庭的创业行为。

2. 家庭财富水平对正规信贷约束的影响分析

上节财富水平对家庭创业的正向回归结果间接说明了信贷约束制约了家庭创业行为。既有文献也显示，由于流动性约束的存在，家庭财富成为缓解流动性约束，解决融资渠道的有效途径（Holtz-eakin et al.，1994；Cagetti and De Nardi，2006；Pissarides et al.，2003）。奈特（Knight，1921）指出，承受风险是创业者需要具备的重要特征（Kanbur，1979；Kihlstrom and Laffont，1979）。由于道德风险和逆向选择的存在（Leroy and Singell，1987），资本市场不会为创业者提供充足的创业资本，因此，创业者需要利用自身财富提供创业资金并且承担更多的失败风险来进行创业（Evans and Jovanovic，1989）。那么，财富水平通过缓解正规信贷约束这一机制是本部分需要深入讨论的问题。

表 5-4   财富水平与正规信贷约束

变量	被解释变量：正规信贷约束					
	Probit	IV-Probit	Probit	IV-Probit	Probit	IV-Probit
家庭总资产对数	-0.0170***	-0.0372***				
	(0.0042)	(0.0095)				
金融资产对数			-0.0269***	-0.0500***		
			(0.0033)	(0.0087)		
房屋资产对数					-0.0179***	-0.0388***
					(0.0044)	(0.0082)
家庭成员数	0.0098**	0.0111***	0.0107**	0.0105**	0.0106**	0.0122***
	(0.0043)	(0.0043)	(0.0043)	(0.0043)	(0.0045)	(0.0045)
获取信息渠道	0.0060	0.0140*	0.0178**	0.0288***	0.0062	0.0131
	(0.0076)	(0.0083)	(0.0075)	(0.0084)	(0.0078)	(0.0080)

变量	被解释变量:正规信贷约束					
	Probit	IV – Probit	Probit	IV – Probit	Probit	IV – Probit
男性	0.0105	0.0111	0.0172	0.0245	– 0.0034	– 0.0078
	(0.0178)	(0.0178)	(0.0180)	(0.0181)	(0.0188)	(0.0188)
汉族	– 0.0680	– 0.0621	– 0.0552	– 0.0485	– 0.0426	– 0.0279
	(0.0421)	(0.0421)	(0.0443)	(0.0441)	(0.0434)	(0.0435)
中共党员	– 0.0273	– 0.0190	– 0.0153	– 0.0028	– 0.0265	– 0.0191
	(0.0265)	(0.0266)	(0.0265)	(0.0266)	(0.0274)	(0.0274)
年龄	– 0.0015 **	– 0.0021 ***	– 0.0021 ***	– 0.0031 ***	– 0.0016 **	– 0.0023 ***
	(0.0006)	(0.0007)	(0.0006)	(0.0007)	(0.0007)	(0.0007)
风险喜好	0.0536 **	0.0580 **	0.0464 **	0.0432 *	0.0566 **	0.0600 **
	(0.0234)	(0.0234)	(0.0235)	(0.0234)	(0.0240)	(0.0239)
风险厌恶	0.0178	0.0125	0.0136	0.0047	0.0213	0.0187
	(0.0171)	(0.0172)	(0.0172)	(0.0174)	(0.0179)	(0.0178)
主观幸福	– 0.0435 ***	– 0.0380 **	– 0.0495 ***	– 0.0395 **	– 0.0411 **	– 0.0367 **
	(0.0152)	(0.0153)	(0.0152)	(0.0155)	(0.0161)	(0.0161)
主观不幸福	0.0572 **	0.0494 *	0.0378	0.0202	0.0683 **	0.0618 **
	(0.0274)	(0.0276)	(0.0286)	(0.0292)	(0.0289)	(0.0289)
样本数	3162	3162	2981	2981	2849	2849
Pseudo R^2	0.0192		0.0398		0.0202	
一阶段估计 F 值		764.96		412.43		1150.65
工具变量 t 值		27.66		20.31		33.92
Wald 检验		5.44		7.71		8.94
(p 值)		0.0197		0.0055		0.0028

　　表 5 – 4 报告了家庭财富水平对正规信贷约束影响的实证结果,在第 1 列中,家庭总资产的边际效应为 – 0.017,在 1% 的置信水平下显著,表明家庭财富对正规信贷约束有显著的缓解作用。在第 2 列中,使用 Wald 检验的 p 值为 0.0197,在 5% 的置信水平下拒绝外生性的假设,说明家庭

总资产对正规信贷约束存在内生性，表明第 1 列的结果存在偏误。第一阶估计 F 统计量均远高于 Stock – Yogo 关于在 10% 偏误水平下的临界值，表明不存在弱工具变量问题。在使用所在小区（村）除本家庭以外其他家庭的平均总资产作为家庭总资产的工具变量进行 IV – Probit 估计，结果显示家庭总资产的边际效应为 – 0.0372，在 1% 的置信水平下显著，分析结果表明家庭财富水平对正规信贷约束有显著负向影响，家庭财富水平可以有效缓解正规信贷约束，布埃亚（Buera，2009）的研究结论也显示财富水平与创业选择呈正相关关系，说明财富积累可以缓解个体创业所面临的金融约束。第 1 列和第 2 列的回归结果还显示，年龄和家庭主观幸福感对正规信贷约束有负向影响，均在 5% 的置信水平下显著，表明户主年龄越大，家庭越幸福的家庭，面临正规信贷约束的概率越小，这一结论与程郁等（2009）研究结论相似，程郁等（2009）研究认为年龄与风险偏好有密切关系，同时年龄与家庭资产和信用信息的积累有关，家庭资产收入的增加将增强其申贷和偿贷的信心与能力。年龄较大的家庭相比于年轻化的家庭，在物质财富、经验和人脉方面更具一定的实力，因此其资信水平较高，更具信贷优势（蔡栋梁等，2015）。而家庭成员人数对正规信贷约束有显著的正向作用，在 5% 的置信水平下显著，表明家庭成员人数越多，其可能存在的正规信贷约束越大。

为了检验家庭财富水平对正规信贷约束影响结果的稳健性，进一步使用金融资产和房屋资产来衡量家庭财富来进行考察。第 3 列和第 4 列报告了金融资产对正规信贷约束的影响，在第 3 列中，金融资产的边际效应为 – 0.0269，在 1% 的置信水平下显著。第 4 列是使用所在小区（村）除本家庭以外其他家庭的平均金融资产作为金融资产的工具变量进行两阶段估计，Wald 检验的 p 值为 0.0055，在 1% 的置信水平下，拒绝外生性的假设，表明金融资产对存在内生性，金融资产的边际效应为 – 0.05，仍然在 1% 的置信水平下显著。第 5 列是房屋资产对正规信贷约束的影响，边际效应为 – 0.0179，在 1% 的置信水平下显著。第 6 列是使用所在小区（村）除本家庭以外其他家庭的平均房屋资产作为房屋资产的工具变量进行二阶段估计，Wald 检验的 p 值为 0.0028，在 1% 的置信水平下，拒绝外生性的假设，表明房屋资产存在内生性，金融资产的边际效应为 – 0.0388，在 1% 的置信水平下显著。通过金融资产和房屋资产的回归结果表示，家庭财富对正规信贷约束的影响结果具有稳定性。

3. 房产对家庭创业的影响研究

由于房产是能够用作贷款抵押的家庭财产（甚至是用作贷款抵押的唯一资产），是家庭创业中能够缓解信贷约束的最为重要的资源，因而其在家庭创业资源中有着特别重要的作用，所以，本小节重点考察住房相关变量对家庭创业的影响，从已有的文献得知，住房等相关变量对家庭创业的影响可以概括为以下三个机制：其一，在信贷约束存在的情况下，房屋价值的增值增加了家庭资产总额，从而为家庭创业提供可供利用的资源，因此可以促进家庭创业，这一影响机制被称为房产的财富效应；其二，在房产增值的情况下，家庭的投资、消费等一系列经济决策都可能会发生变化，这其中就可能产生对家庭消费的刺激，从而产生减少创业的替代效应；其三，人们对房价的预期也会影响家庭创业活动，通常而言，房地产业作为国民经济的重要支柱产业，对商品市场和要素市场的影响非常重要，对经济发展发挥着举足轻重的作用（申晓峰，2007）。因此，房地产业在整个产业链中的影响是非常全面的，具有"牵一发而动全身"的影响力。当其他投资活动的预期收益率高于家庭创业的预期收益率时，家庭会选择投资其他经济活动而减少创业，从而产生了挤出效应。为了验证住房等相关变量对家庭创业的影响机制，本书分别从自有住房、预期房价等相关变量对家庭创业的影响进行了实证分析。

表 5-5　　　　　　　　　自有住房、预期房价与家庭创业

变量	被解释变量：家庭创业	
	模型 1	模型 2
自有住房	-0.217***	0.014
	(0.038)	(0.016)
正规信贷约束	-0.072	
	(0.078)	
自有住房×正规信贷约束	0.054	
	(0.081)	
自有住房×预期房价上升		-0.015
		(0.010)

变量	被解释变量：家庭创业	
	模型 1	模型 2
自有住房×预期房价下降		0.001
		(0.015)
样本数	3166	7514
Pseudo R^2	0.1316	0.0571

注：表中的控制变量与表 5－2 相同，为节省篇幅，不再详述。

从回归结果中可以看出，相比于没有自有住房的家庭，拥有自有住房的家庭会减少选择创业的概率，考虑可能的原因是，在现阶段住房是衡量家庭资产的重要组成部分，拥有住房的家庭代表了一定的经济实力，相对来讲，其家庭收入和生活水平会比较富裕，也就缺乏了通过创业来改善自身生活的激励。另外，在中国传统婚姻文化中，男方家庭要为女方提供聘金，承办婚宴酒席，而且还要提供结婚用房（谢洁玉等，2012）。魏和张（Wei & Zhang，2011）研究发现，女方在择偶时的一个重要参考标准就是对方是否有房，在婚姻市场上，拥有住房象征着男方具有一定的经济地位。对于生活在城市中的家庭而言，拥有自有住房代表着一种归属感，有些家庭可能一生都为拥有一套住房而奋斗，并倾其所有实现这一愿望。回归结果同时显示了预期房价的变化对家庭创业的影响，但这结果并不显著。预期房价上升会降低家庭创业概率，预期房价上涨预示着未来宏观经济运行良好，家庭对未来的预期，影响了家庭进行投资、消费、创业的决策，家庭有可能因为预期房价的上升，将财富投资到如房地产市场等经济收益更高的行业中，从而产生了房价的挤出效应，这与李立行和吴晓瑜（2013）的研究结果一致。同时，预期房价上涨，家庭可能将更多的财富用于消费，从而减少了家庭创业活动，这就产生了替代效应，这一结论也与蔡栋梁等（2015）的研究结论一致。

三 社会网络资源与创业的实证研究

社会网络是建立在信任和合作基础上的组织关系，是社会关系的表现。既有文献表明，社会网络是影响创业的重要因素，社会网络可以共享信息、分担风险、减少机会主义行为以及改善集体决策等。通过社会网络，创业者可以获取各种创业必需的资源，因此社会网络资源对创业的影响是研究创业问题不可忽视的重要视角，有必要运用新方法新数据对社会网络与创业的影响机制进行深入讨论。

（一）变量选取

1. 创业变量

在参考相关文献的基础上，结合 CHFS 2011 数据特点，以家庭作为创业行为的研究主体，关注了调查问卷中"去年，您家是否从事工商业经营项目"这一问题。将是否从事工商业活动划分为创业（回答：是）与非创业（回答：否）。[①]

2. 融资渠道和融资金额变量

为了分析社会网络对家庭创业的影响机制，本书首先分析社会网络对融资渠道和融资金额的影响，此时融资渠道和融资金额变量为被解释变量，然后研究融资渠道和融资金额对家庭创业的影响，此时融资渠道和融资金额变量为解释变量。为了详细考察创业的融资渠道和融资金额，结合 CHFS 2011 数据特点，本书选取了"家庭自营工商业中是否获得银行贷款"作为正规金融贷款衡量指标，选取"除了银行贷款以外，目前您家还有没有从其他渠道借过钱来从事生产经营?"回答：有，则定义为存在非正规金融贷款；回答：无，则认为没有非正规金融贷款。融资渠道这两个变量都是二元亚变量。而选择从银行"一共贷了多少钱"来衡量正规借款总额，选择"除了银行，从其他渠道总共借了多少钱"来衡量非正规借款总额，为了处理方便和减少异方差影响，融资金额进行对数处理。

3. 社会网络变量

在考虑了数据的可得性的基础上，本书参考何翠香和晏冰（2015）指标选取。首先，选择家庭在春节等节假日和红白喜事方面的现金或非现金支出总额作为社会网络的主要代理变量，为了便于分析和比较，增加了礼金收支总额作为代理变量；其次，亲朋好友在一起的聚餐不仅可以促进

[①]　需要说明的是农户生产经营活动如农业、林业、牧业、渔业等不在本部分的研究范围之内。

情感的交流，而且也是信息分享的重要途径。一般而言，外出就餐费用与社会网络呈正比，所以本书也选择了上月外出就餐费用作为社会网络的代理变量；另外，电话和网络的普及方便了亲朋好友之间沟通与交流，家庭电话、网络等通信费用的多寡也体现了社会网络的丰富与否，所以本书也选取上月电话、网络等费用总额来衡量社会网络。为了处理方便和减少异方差影响，将社会网络四个代理变量均取对数形式。

4. 信贷约束变量

CHFS 2011 数据中对访户进行了这样的访问：首先询问了"是否有银行贷款"，如果没有，则继续询问"该项目为什么没有银行贷款？"选项为："①不需要；②需要，但没有申请；③申请过被拒绝；④曾经有贷款，现已经还清。"本书将选择选项②③的家庭界定为受到信贷约束。

5. 其他控制变量

这些变量包括家庭人口、户主性别、户主年龄和户主的风险态度并将该变量划分为风险喜好、风险中立和风险厌恶三个分组变量，户主的主观幸福感并将该变量划分为主观幸福、主观一般和主观不幸福三个分组变量，户主受教育水平、户主婚姻状况和户主的党员身份等变量。

（二）模型说明

由于社会网络与家庭创业之间存在互相影响的关系，即内生性问题。一方面，进行创业的家庭可能需要更广的社会网络来提升其创业成功的概率。与此同时，已经开始创业的家庭，其礼金往来较多，而且应酬较多，导致外出就餐费用和通信费用开支较大；另一方面，可能存在的家庭传统和偏好等变量的遗漏会导致社会网络的内生性。如果社会网络内生性问题存在，直接采用 Probit 模型进行估计，将会导致变量的估计结果存在偏差。为了避免由于内生性问题导致估计结果的偏差，本书选取工具变量进行两阶段估计，以期得到准确的估计结果。模型建立如下：

$$Prob(Y=1) = \Phi(M) = \int_{-\infty}^{z} \varphi(\upsilon)\,\mathrm{d}\upsilon \tag{1}$$

$$M = \beta_0 + \sum_{n=1}^{k} \beta_i S_{ki} + \sum_{n=k}^{n} \beta_i X_{ni} \tag{5}$$

$$S_{ki} = \alpha_0 + \alpha_1 \ln jz + \varepsilon_i \tag{6}$$

$$Prob(Y_i = 1 \mid X_i) = F(\alpha_0 + \alpha_1 M + \sum_{k=2}^{k} \alpha_k W_{ki}) \qquad (7)$$

式（1）和式（5）是家庭创业的概率选择模型，式（6）是诱导公式。其中 S_{ki} 表示一组社会网络变量，包括家庭礼金支出对数形式、家庭礼金收支对数形式、家庭外出就餐费对数形式和家庭年通讯费对数形式。$lnjz$（家庭在汶川地震灾区捐款金额的对数形式）是社会网络变量的工具变量。Y 表示是否进行家庭创业（$Y=1$ 表示家庭创业，$Y=0$ 表示没有进行家庭创业）；X 表示家庭定的一组特征变量及区域特征变量，包括家庭人口、户主性别、户主年龄、户主的风险态度（风险喜好、风险中立、风险厌恶）、户主的主观幸福感（主观幸福、主观一般、主观不幸福）、户主受教育水平、户主婚姻状况和户主的党员身份等变量。与此同时，式（1）、式（5）和式（6）也可以用来分析社会网络对正规信贷约束概率模型和社会网络对融资渠道的概率选择模型。

根据融资金额数据特点，构建式（5）和式（7）来分析社会网络对融资金额的影响。式（5）是社会网络对融资金额线性回归模型，M 表示是家庭融资金额，包括正规借款总额和非正规借款总额。最后通过式（7）来分析融资渠道和融资金额对家庭创业的影响。

（三）描述性统计

表 5-6　　　　　　　　变量的描述性统计

变量	变量定义	均值	标准差
创业	家庭是否创业（是=1，否=0）	0.133	0.34
礼金支出总额	家庭礼金支出总额（元）	3027.163	7341.527
礼金收支总额	家庭礼金收支总额（元）	4363.606	9944.537
外出就餐费用	家庭外出就餐费用（元）	273.553	1876.178
通信费用总额	家庭通信费用总额（元）	130.57	167.931
正规金融贷款	是否有工商业银行借款（是=1，否=0）	0.078	0.27
非正规金融贷款	是否存在其他渠道借款（是=1，否=0）	0.26	0.438
正规借款总额	银行借款总额（元）	203429.4	690438.3
非正规借款总额	其他渠道借款总额（元）	105062.9	1617142

变量	变量定义	均值	标准差
正规信贷约束	是否存在银行信贷约束（是＝1，否＝0）	0.19	0.392
家庭成员数	家庭成员人数（人）	3.477	1.548
信息获取渠道	家庭信息获取渠道数量（种）	2.075	1.151
男性	户主性别（男＝1，女＝0）	0.732	0.443
汉族	户主民族（汉族＝1，其他＝0）	0.971	0.168
中共党员	户主党员身份（是＝1，否＝0）	0.17	0.375
年龄	户主的年龄（岁）	49.931	14.061
风险喜好	风险喜好＝1，其他风险＝0	0.135	0.342
风险中立	风险中立＝1，其他风险＝0	0.258	0.438
风险厌恶	风险厌恶＝1，其他风险＝0	0.607	0.489
主观幸福	主观幸福＝1，其他＝0	0.634	0.482
主观一般	主观一般＝1，其他＝0	0.3	0.458
主观不幸福	主观不幸福＝1，其他＝0	0.066	0.249

从表5－6可知，在CHFS 2011样本家庭中，有1124户选择创业，占13.33%的比重，由此可知，我国家庭创业比例较低。社会网络四个代理变量的均值分别为3027.16元、4363.61元、273.553元和130.57元。在融资渠道方面，仅有7.8%家庭获得正规金融贷款，而有26%家庭通过非正规金融贷款，借款金额均值分别为203429.4元和105062.9元。图5－2考察了社会网络四个代理变量在家庭是否进行创业的开支情况。通过对比发现，创业家庭的礼金支出、外出就餐费、通信费支出明显高于未开展创业的家庭。

（四）社会网络对创业的影响分析

1. 社会网络对家庭创业实证结果分析

表5－7报告了社会网络对家庭创业的估计结果。在模型1中，代表社会网络的礼金支出总额边际效应为0.0324，在1%的置信水平下，对创业存在显著正向影响；在模型2中，礼金收支总额边际效应为0.0301，在1%的置信水平下，对创业存在显著正向影响；在模型3中，外出就餐

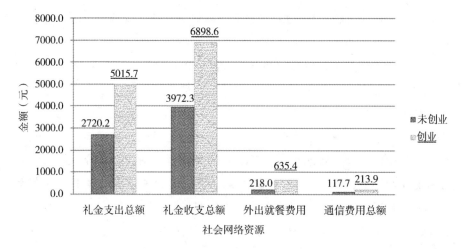

图 5 - 2　社会网络资源代理变量分布图

费用边际效应为 0.0533，在 1% 的置信水平下，对创业存在显著正向影响；在模型 4 中，通信费用总额边际效应为 0.0516，也在 1% 的置信水平下对创业存在显著正向影响。总之，社会网络的四个代理变量的边际效应均在 1% 的置信水平下对家庭创业有显著正向影响。表明社会网络越广，家庭创业概率越高，社会网络有助于家庭创业。这一结果与胡金焱和张博（2014）、何翠香和晏冰（2015）分析结果一致。胡金焱和张博（2014）研究发现，社会网络对于家庭创业具有显著的促进作用的结论，他们指出，社会网络等非正式制度作为正式制度的互补角色显著影响着家庭的创业行为。而本书的研究结果同样说明社会网络显著促进了家庭创业。

　　控制变量方面，家庭成员人数和男性户主对家庭创业有显著的促进作用。家庭成员人数在四个模型中均在 1% 的置信水平下创业有显著正向影响。在模型 1 中，家庭成员人数变量的边际效应为 0.0235，表明家庭成员每增加 1 人，家庭进行创业的概率将提高 2.35%。家庭成员人数反映了家庭规模，家庭人数越多，组成的社会关系网就越广，获得创业信息就越丰富，从而提高了家庭创业的概率。张龙耀和张海宁（2013）研究指出家庭规模越大、劳动力人口越多的家庭选择创业的概率越高。他们认为出现这一结果的原因是，家庭人口的增加，不仅会扩大资源的拥有量，而且还能均摊一定的家庭负担，从而促进了家庭创业。男性户主在四个模型中均在 5% 的置信水平下对创业有显著正向影响。而年龄和中共党员身份对家庭创业有显著的负向影响，且均在 1% 的置信水平下显著。汉族对家庭创业有正向影响，在第 2 和第 4 个模型里，该边际效应在 10% 的置信水平下显著。另外，在所有模型中，主观幸福感的系数为正，说明家庭主观幸福感对创业也存在一定影响，而主观不幸福的系数全部为负。在模型 3 中，主观不幸福变量的边际效应为 -0.0874，且在 5% 的置信水平下显著。表明家庭如果不幸福，进行创业的概率降低 8.74%，这可能是因为家庭不幸福，使家庭成员的生活态度比较悲观，也就缺乏创业激情和动力。风险喜好家庭对创业有正向影响，但这一影响并不显著，但风险厌恶家庭对创业有显著负向作用，且通过了 10% 的置信水平。这说明风险态度对家庭创业也有一定的影响，敢于冒险的家庭更倾向于选择风险性高的创业活动。

表 5-7 社会网络与家庭创业：Probit 模型估计

变量	被解释变量：家庭创业			
	模型 1	模型 2	模型 3	模型 4
礼金支出总额对数	0.0324***			
	(0.0043)			
礼金收支总额对数		0.0301***		
		(0.0038)		
外出就餐费用对数			0.0533***	
			(0.0067)	
通信费用总额对数				0.0516***
				(0.0044)
家庭成员数	0.0235***	0.0221***	0.0314***	0.0172***
	(0.0031)	(0.0028)	(0.0050)	(0.0027)
获取信息渠道	0.0034	0.0030	-0.0029	-0.0019
	(0.0041)	(0.0038)	(0.0056)	(0.0036)
男性	0.0293***	0.0247**	0.0404**	0.0230**
	(0.0106)	(0.0099)	(0.0158)	(0.0091)
汉族	0.0465	0.0510*	0.0384	0.0571**
	(0.0304)	(0.0286)	(0.0405)	(0.0258)

变量	被解释变量：家庭创业			
	模型 1	模型 2	模型 3	模型 4
中共党员	-0.0817***	-0.0739***	-0.0854***	-0.0730***
	(0.0135)	(0.0127)	(0.0183)	(0.0118)
年龄	-0.0032***	-0.0032***	-0.0026***	-0.0023***
	(0.0004)	(0.0004)	(0.0007)	(0.0004)
风险喜好	0.0116	0.0110	0.0280	0.0117
	(0.0136)	(0.0128)	(0.0182)	(0.0119)
风险厌恶	-0.0320***	-0.0304***	-0.0265*	-0.0233**
	(0.0107)	(0.0100)	(0.0161)	(0.0092)
主观幸福	0.0103	0.0127	0.0207	0.0130
	(0.0102)	(0.0095)	(0.0152)	(0.0087)
主观不幸福	-0.0051	-0.0062	-0.0874**	-0.0255
	(0.0226)	(0.0207)	(0.0387)	(0.0188)
样本数	5655	6153	2850	7272
Pseudo R^2	0.0709	0.0765	0.0735	0.0763

注：***、**、*分别表示参数在1%、5%、10%的置信水平上显著；表中报告的是估计的边际效应；括号内报告了稳健标准误；样本缺失值导致了部分样本数减少，以下各表与此相同。

表5-7中所有变量估计的结果都是假设社会网络为外生性的情况进行的，社会网络也可能存在内生性，这就会导致估计结果出现偏差。主要原因可能有二：一是，创业的家庭可能需要更广的社会网络来提升其创业成功的概率。并且，在创业过程中，家庭的礼金往来、应酬都较多，外出就餐费用和通信费用开支都会相应增加。二是，在实证中，可能存在家庭传统和偏好等变量的遗漏，导致了社会网络的内生性。如果社会网络内生性问题存在，直接采用 Probit 模型进行估计，将会导致变量的估计结果存在偏差。为了避免由于内生性问题导致估计结果的偏差，本书选取工具变量进行两阶段估计，以期得到准确的估计结果。张博等（2015）在分析社会网络对家庭创业收入的影响，使用汶川地震捐款金额作为礼金支出总

额的工具变量。本书借鉴张博等（2015）工具变量的选取，使用家庭在汶川地震灾后捐款总额作为社会网络的工具变量。选择该工具变量是基于如下考虑：一方面，捐款金额的多寡反映了捐款者一定的社会地位和被信任程度，通常来讲，社会地位高的家庭往往拥有更广泛的人际关系，因此社会交往中的礼金收支等费用更高。另一方面，作为一个突发事件，可以认为家庭为 2008 年的汶川地震灾区捐款额是一个相对外生的变量，因而这一变量与家庭创业没有任何关系。表 5 - 8 是使用汶川地震灾后的捐款金额（使用对数形式）作为工具变量进行 IV - Probit 估计的结果。

表 5 - 8　　　　　　　社会网络与家庭创业：IV - Probit 模型估计

变量	被解释变量：家庭创业			
	模型 1	模型 2	模型 3	模型 4
礼金支出总额对数	0.0879***			
	(0.0178)			
礼金收支总额对数		0.0868***		
		(0.0165)		
外出就餐费用对数			0.0988***	
			(0.0215)	
通信费用总额对数				0.0686***
				(0.0134)
家庭成员数	0.0216***	0.0209***	0.0340***	0.0178***
	(0.0037)	(0.0035)	(0.0054)	(0.0033)
获取信息渠道	- 0.0072	- 0.0081	- 0.0114*	- 0.0070
	(0.0052)	(0.0051)	(0.0064)	(0.0046)
男性	0.0446***	0.0365***	0.0543***	0.0314***
	(0.0121)	(0.0115)	(0.0169)	(0.0104)
汉族	0.0498	0.0543	0.0336	0.0743**
	(0.0363)	(0.0350)	(0.0442)	(0.0321)
中共党员	- 0.0987***	- 0.0921***	- 0.0898***	- 0.0755***
	(0.0154)	(0.0146)	(0.0190)	(0.0134)

续表

变量	被解释变量：家庭创业			
	模型 1	模型 2	模型 3	模型 4
年龄	-0.0029***	-0.0030***	-0.0023***	-0.0024***
	(0.0005)	(0.0005)	(0.0008)	(0.0005)
风险喜好	0.0075	0.00471	0.0110	0.0053
	(0.0153)	(0.0147)	(0.0198)	(0.0135)
风险厌恶	-0.0248**	-0.0224*	-0.0289*	-0.0202*
	(0.0123)	(0.0119)	(0.0172)	(0.0107)
主观幸福	0.0019	0.0031	0.0116	0.0129
	(0.0120)	(0.0116)	(0.0165)	(0.0099)
主观不幸福	0.0058	-0.0030	-0.1020**	-0.0338
	(0.0276)	(0.0262)	(0.0438)	(0.0234)
样本数	4611	4921	2514	5799
一阶段估计 F 值	363.77	357.39	287.87	962.01
工具变量 t 值	19.07（1%）	18.90（1%）	16.97（1%）	31.02（1%）
Wald 检验	11.63	13.36	3.47	1.32
（p 值）	(0.0007)	(0.0003)	(0.0623)	(0.2498)

表 5-8 报告了使用汶川地震灾后的捐款金额作为社会网络的工具变量得到的估计结果。通过对四个代理变量进行工具变量适用性检验。在模型 1 中，用 Wald 检验社会网络代理变量礼金支出总额内生性结果，p 值为 0.0007，在 1% 的置信水平下拒绝变量外生性的假设，说明社会网络代理变量对家庭创业存在内生性。第一阶段估计 F 值为 363.77，远高于 Stock-Yogo（2005）关于在 10% 偏误水平下的临界值 16.38，工具变量 t 值为 19.07，在 1% 的置信水平下显著，表明不存在弱工具变量的问题。说明使用汶川地震灾后的捐款金额作为礼金支出总额的工具变量是必要而且合适的。在模型 1 的估计中，礼金支出总额的边际效应为 0.0879，且在 1% 的置信水平下显著，高于表 5-7 模型 1 中的边际效应。从而进一步说明变量内生性导致估计结果存在偏差。模型 2 中，用 Wald 检验礼金收支总额内生性结果显示 p 值为 0.0003，在 1% 的置信水平下拒绝外生性的假设，表明礼金收支总额存在内生性。礼金收支总额第一阶段估计 F 值为 357.39，大于 Stock-Yogo 在 10% 偏误水平下的临界值 16.38，工具

变量 t 值为 18.9，在 1% 的置信水平下显著，表明不存在弱工具变量的问题。通过 IV – Probit 模型估计，礼金收支总额的边际效应为 0.0868，且在 1% 的置信水平下显著，也高于表 5 – 7 模型 2 中礼金收支总额的边际效应。在模型 3 中，通过 Wald 检验外出就餐费用对家庭创业内生性结果显示 p 值为 0.0623，在 10% 置信水平下显著，表明外出就餐费用也存在内生性。其第一阶段估计 F 值为 287.87，高于 16.38 的临界值，工具变量 t 值为 16.97，在 1% 置信水平下显著，说明外出就餐费用不存在弱工具变量问题。通过 IV – Probit 模型估计，外出就餐费用对家庭创业的边际效应为 0.0988，且通过了 1% 显著性水平。而在模型 4 中，虽然通信费用总额的弱工具变量检验结果显示不存在弱工具变量，但通过 Wald 检验内生性结果显示，p 值为 0.2498，均高于 10% 的置信水平，表明这个代理变量不存在内生性，可以直接进行 Probit 分析，即表 5 – 7 中模型 4 的估计结果。

根据表 5 – 7 和表 5 – 8 中社会网络代理变量对家庭创业的估计结果可知，礼金支出总额、礼金收支总额、外出就餐费用和通信费用总额代表的社会网络显著提高了家庭选择创业的概率，表明社会网络越广，则社会资本越丰富，进而家庭选择创业的概率越高。从表 5 – 7 和表 5 – 8 的数据可以发现，在没有考虑内生性情况下，社会网络的四个代理变量均在 1% 的置信水平下有显著的正向影响，在发现礼金支出总额、礼金收支总额和外出就餐费用三个代理变量存在内生性问题的情况下，通过工具变量 Probit 估计，其估计结果仍然在 1% 的置信水平下有显著促进作用，进一步表明社会网络对家庭创业的显著促进作用。

2. 社会网络对融资渠道的影响分析

前文考察了社会网络对家庭创业有显著的正向影响，而社会网络是一个无形的资源，并不能直接作用于家庭创业行为，所以本小节将探寻社会网络对家庭创业的作用机制。在众多影响创业的资源基础上，创业启动资金是不可缺少的重要因素之一。而获取创业启动资金渠道很多，除了家庭自有资金，还包括亲戚朋友借款、银行贷款、创业投资基金、政府政策基金等方面，而通过亲戚朋友与民间放贷机构等非正规融资渠道和通过银行等正规金融机构借款来解决创业启动资金问题是获取资金最主要渠道。2015 年《中国百姓创业调查报告》显示，中国百姓创业的资金来源中来自个人家庭的积蓄或者家庭借款的占比为 80%。同年发布的《"中国青年创业"主题报告》显示，青年创业者获取资金的来源，仍然主要是朋友、邻居和家庭成员，占据了青年创业者资金来源的70%。由此可见，对于我国初创企业而言，由于其生产和经营都具有较高的不确定性且在创业初期缺乏可供抵押的资产，使得大多数初创企业很难通过正规金融渠道获取资金支持而不得不选择自有资金或者亲朋好友的资金开展创业活动。社会网络对融资渠道存在一定影响，因此，根据正规融资渠道和非正规融资渠道变量特点，下文将分别采用 Probit 模型和 OLS 模型考察社会网络对融资渠道的影响。

表 5-9 综合报告了衡量社会网络的四个代理变量对融资渠道和融资金额的估计结果。在分析融资渠道时，本书分别选择了正规金融贷款和非正规金融贷款两个变量进行估计。结果显示，社会网络对正规金融贷款有显著的正向作用，均在5%的置信水平下显著，尤其是在1%的置信水平下，礼金支出总额和通信费用总额代表的社会网络对正规金融贷款存在积极影响，边际效应分别为0.014和0.02。从回归结果可以看出，社会网络资源越丰富的家庭，从正规金融部门获得贷款的概率越高，这一结果与马光荣和杨恩艳（2011）、何翠香和晏冰（2015）分析结果一致。而社会网络对非正规金融贷款也存在正向影响，但这一回归结果不显著。进一步考虑社会网络对融资金额的影响，回归结果显示，社会网络四个代理变量对正规借款金额和非正规借款总额均有显著的正向作用，且均在1%的置信水平下显著，表明丰富的社会网络资源显著提高了家庭的融资金额。

表 5-9　　　　　　社会网络对融资渠道的影响估计

变量	融资渠道		融资金额	
	正规金融贷款	非正规金融贷款	正规借款总额对数	非正规借款总额对数
	Probit	Probit	OLS	OLS
礼金支出总额对数	0.014 ***	0.004	0.421 ***	0.383 ***
	（0.005）	（0.008）	（0.099）	（0.060）
控制变量	控制	控制	控制	控制
样本数	2486	2486	196	636
Pseudo R^2	0.0646	0.0224	0.314	0.223

变量	融资渠道		融资金额	
	正规金融贷款	非正规金融贷款	正规借款总额对数	非正规借款总额对数
	Probit	Probit	OLS	OLS
礼金收支总额对数	0.010**	0.004	0.361***	0.335***
	(0.004)	(0.007)	(0.088)	(0.054)
控制变量	控 制	控 制	控 制	控 制
样本数	2703	2703	205	687
Pseudo R^2	0.0704	0.0230	0.313	0.215
外出就餐费用对数	0.018**	0.003	0.612***	0.524***
	(0.008)	(0.012)	(0.099)	(0.077)
控制变量	控 制	控 制	控 制	控 制
样本数	1071	1071	124	298
Pseudo R^2	0.0458	0.0304	0.431	0.328
通信费用总额对数	0.020***	0.007	0.707***	0.644***
	(0.005)	(0.008)	(0.097)	(0.060)
控制变量	控 制	控 制	控 制	控 制
样本数	3249	3250	261	826
Pseudo R^2	0.0679	0.0237	0.368	0.266

注：表中的控制变量与表 5 - 7 相同，为节省篇幅，不再详述。

在考虑社会网络内生性以后，本书将选择汶川地震灾后的捐款金额作为社会网络的工具变量来分析其对融资渠道的影响，分析结果如表 5 - 10 所示，社会网络四个代理变量对正规金融贷款回归结果显示，第一阶段弱工具变量检验 F 统计量均远高于 Stock - Yogo 关于在 10% 偏误水平下的临界值 16.38，且工具变量 t 值都在 1% 的置信水平下显著，表明不存在弱工具变量的问题。用 Wald 检验内生性结果显示，除了外出就餐费用变量的 p 值不显著（表明此变量不存在外生性），其他三个变量 p 值分别为 0.0055、0.0072 和 0.0729，均在 10% 的置信水平下显著，表明这三个变量存在内生性，使用汶川地震灾后的捐款金额作为礼金支出总额的工具变量是合适的。通过对礼金支出总额、礼金收支总额和通信费用总额三个变量分别采用工具变量处理以后，三个代理变量的边际效应为 0.08、0.066

和 0.051，且均在 1% 的置信水平下显著，回归系数均高于表 5-9 结果，并且置信水平也显著提升。表明社会网络对正规金融贷款有显著的促进作用。社会网络对非正规金融贷款回归结果显示，第一阶段弱工具变量检验 F 统计量均远高于 Stock-Yogo 关于在 10% 偏误水平下的临界值 16.38，但是用 Wald 检验变量的内生性结果显示，除通信费用总额变量的 p 值为 0.078，其他三个变量的 p 值均高于 0.4，表明不存在内生性，可以直接采用 Probit 模型的分析结果。进一步地，本书分析了社会网络对融资金额的影响，考虑到融资金额是连续变量，所以运用 2SLS 回归进行分析。通过采用 Durbin-Wu-Hausman（简称 DWH）检验变量的内生性结果显示，社会网络对正规借款总额和非正规借款总额均在 1% 的置信水平下显著，表明社会网络存在内生性，而通过第一阶段弱工具变量检验 F 统计量检验发现，除了礼金支出总额和礼金支出总额对正规借款总额的统计量略低于 Stock-Yogo 关于在 10% 偏误水平下的临界值 16.38，其他代理变量回归结果均高于 Stock-Yogo 关于在 20% 偏误水平下的临界值 6.66，表明不存在弱工具变量，通过采用 2SLS 模型分别对正规借款总额和非正规借款总额进行分析。社会网络四个代理变量对正规借款总额的系数分别为 2.924、2.246、1.140 和 1.926，且均在 5% 的置信水平下显著，结果中的系数均高于表 5-9，表明在内生性的情况下，低估了社会网络对正规借款总额的影响。社会网络四个变量对非正规借款总额的系数分别为 3.184、2.919、1.945 和 1.883，且都在 1% 的置信水平下显著，表明社会网络对民间金融贷款有显著的促进作用。

表 5-10　　社会网络对融资渠道的影响估计：工具变量法

变量	融资渠道		融资金额	
	正规金融贷款	非正规金融贷款	正规借款总额对数	非正规借款总额对数
	IV-Probit	IV-Probit	2SLS	2SLS
礼金支出总额对数	0.080***	-0.002	2.924**	3.184***
	(0.027)	(0.036)	(1.053)	(0.681)
控制变量	控制	控制	控制	控制
样本数	1877	1877	171	493
一阶段估计 F 值	127.55	127.55	7.16	22.04

变量	融资渠道		融资金额	
	正规金融贷款	非正规金融贷款	正规借款总额对数	非正规借款总额对数
	IV－Probit	IV－Probit	2SLS	2SLS
工具变量 t 值	11.29	11.29	2.68	4.69
Wald(DWH)检验	7.69	0.02	41.59	82.04
(p 值)	0.0055	0.8823	0.0000	0.0000
礼金收支总额对数	0.066***	－0.009	2.246**	2.919***
	(0.024)	(0.032)	(0.710)	(0.599)
控制变量	控制	控制	控制	控制
样本数	2013	2013	178	530
一阶段估计 F 值	139.17	139.17	10.09	24.46
工具变量 t 值	11.80	11.80	3.18	4.95
Wald(DWH)检验	7.22	0.19	42.95	85.01
(p 值)	0.0072	0.6629	0.0000	0.0000
外出就餐费用对数	0.020	－0.031	1.410***	1.945***
	(0.029)	(0.040)	(0.278)	(0.419)
控制变量	控制	控制	控制	控制
样本数	887	887	113	255
一阶段估计 F 值	105.30	139.17	23.39	20.88
工具变量 t 值	10.26	11.80	4.84	4.57
Wald(DWH 检验)	0.00	0.62	26.48	37.97
(p 值)	0.9469	0.4317	0.0031	0.0001
通信费用总额对数	0.051***	－0.037	1.926***	1.883***
	(0.016)	(0.024)	(0.303)	(0.206)
控制变量	控制	控制	控制	控制
样本数	2425	2426	220	631
一阶段估计 F 值	435.24	433.55	48.26	113.42
工具变量 t 值	20.86	20.82	6.95	10.65
Wald(DWH)检验	3.22	3.11	47.10	63.87
(p 值)	0.0729	0.078	0.0000	0.0000

注：表中的控制变量与表5-7相同，为节省篇幅，不再详述。

综合表 5 - 9 和表 5 - 10 的结果表明，社会网络对正规金融贷款有显著促进作用，对非正规金融贷款有积极影响；与此同时，社会网络对正规借款总额和非正规借款总额均有显著促进作用。表明社会网络可以拓宽融资渠道，提高融资金额。

3. 融资渠道对家庭创业的影响分析

前文考察了社会网络对融资渠道影响，表明社会网络对融资渠道和融资金额均有正向影响。下文将考察融资渠道和融资金额对家庭创业的影响机制。

表 5 - 11　　　　　　　　融资渠道与家庭创业：Probit 模型估计

变量	被解释变量：家庭创业			
	模型 1	模型 2	模型 3	模型 4
正规金融贷款	0.079 ***			
	(0.025)			
非正规金融贷款		0.070 ***		
		(0.016)		
正规贷款金额对数			0.141 ***	
			(0.013)	
非正规贷款金额对数				0.108 ***
				(0.007)
样本数	3442	3443	266	859
Pseudo R^2	0.1311	0.1333	0.3530	0.2713

注：表中的控制变量与表 5 - 7 相同，为节省篇幅，不再详述。

表 5 - 11 报告了融资渠道对家庭创业的回归结果。从模型 1 的回归数据来看，正规金融贷款对家庭创业有显著的促进作用，边际效应为 0.079，并通过了 1% 的显著性水平，表明相对于那些不能获得正规金融机构贷款的家庭，能够获得正规金融机构贷款的家庭进行创业的概率将提高 7.9%。在模型 2 中，非正规金融渠道对家庭创业也有显著正向影响，边际效应为 0.07，且在 1% 的置信水平下显著，结果表明，正规金融贷款和非正规金融贷款对家庭创业都有显著的正向影响，说明通畅的融资渠道对创业有显著的促进作用。在模型 3 和模型 4 中，代表融资金额的正规融资金额和非正规融资金额这两个变量对家庭创业有显著的促进作用，边际

效应分别为 0.141 和 0.108，均在 1% 的置信水平下显著，表明融资金额越多，家庭创业的概率越高。由此可见，社会网络对家庭创业的影响，主要是通过社会网络来拓宽融资渠道，增加融资金额，从而缓解创业启动资金约束，促成家庭创业行为的实现。

4. 社会网络对正规信贷约束的影响分析

上文已经实证分析了社会网络通过拓宽融资渠道和增加融资金额来促进家庭创业这一机制。然而在家庭创业过程中，正规信贷约束也是影响家庭获取正规借款的一个重要原因，下面我们将分析社会网络对正规信贷约束的影响。表 5 – 12 报告了分析结果。

前四列是采用 Probit 直接分析的结果；后四列是采用汶川地震灾后的捐款金额作为社会网络的工具变量来分析其对正规信贷约束的影响。通过 IV – Probit 回归分析发现，第一阶段弱工具变量检验 F 统计量均远高于 Stock – Yogo 关于在 10% 偏误水平下的临界值 16.38，用 Wald 检验变量的内生性结果显示，礼金支出总额和通信费用总额的 p 值在 10% 置信水平下显著，表明变量之间存在内生性问题，而另外两个变量的检验结果表明变量是外生的，所以，可以直接进行 Probit 回归。结果显示，社会网络对正规信贷约束均有负向影响，即社会网络有缓解正规信贷约束的作用。而且在解决内生性问题以后，礼金支出总额和通信费用总额的边际效应均为 -0.058，并且均在 10% 的置信水平下显著，说明社会网络对正规信贷约束有负向作用。即社会网络资源越丰富，其家庭的社会地位和信誉较高，也就具有一定的信贷能力，故而其所受的信贷约束较少。

表 5 – 12　　　　　　　社会网络对正规信贷约束的影响

变量	被解释变量：正规信贷约束		
	Probit		IV – Probit
礼金支出总额对数	-0.009		-0.058*
	-0.007		-0.031
礼金收支总额对数		-0.012*	-0.045
		-0.006	-0.029
外出就餐费用对数		-0.014	-0.040
		-0.011	-0.041

变量	被解释变量：正规信贷约束							
	Probit				IV – Probit			
通信费用总额对数	-0.016**							-0.058**
	-0.008							-0.023
样本数	2281	2489	941	2977	1700	1829	771	2199
Pseudo R^2	0.0074	0.0093	0.0186	0.0154				
一阶段估计 F 值					126.23	136.58	84.38	379.92
工具变量 t 值					11.24	11.69	9.19	19.49
Wald 检验					2.87	1.59	0.64	3.92
（p 值）					0.0954	0.2074	0.422	0.0477

注：表中的控制变量与表 5 - 7 相同，为节省篇幅，不再详述。

四　人力资源与创业的实证研究

在创业过程中，创业者对新企业的创建和成长一直扮演着至关重要的角色。随着知识经济的兴起，人们逐渐发现人力资源在创业过程中发挥着越来越重要的作用。人力资源中技术因素逐渐成为企业创建和发展中最有价值的资源。潜在创业者拥有的技术资源不仅可以决定创业的类型和方向，也是初创企业的核心竞争力。因此，技术资源是企业竞争优势的源泉，其存在形式和特性是影响新创企业发展和竞争的决定因素。从已有的文献来看，人力资源（包括技术资源）对创业机会识别、企业绩效都存在显著的积极影响，因此有必要对这一重要因素对创业的影响进行详细讨论。

（一）变量选取

1. 创业变量

本部分主要考察人力资源对创业的影响，人力资源主要是个人拥有的特质，区别家庭财富和社会网络，所以本部分从个人角度分析人力资源对创业的影响。结合 CHFS 2011 数据特点，关注了调查问卷中"该工作的性质是?"这一问题。如果回答"经营个体或者私营企业:自主创业"则认为进行创业,如果回答其他性质的工作,则认为没有创业。笔者在数据处理过程中,提取了16—80岁个体信息,保证了个体达到法律年龄,拥有创业就业的合法权利,以确保分析的正确性。

2. 人力资源变量

人力资源主要是由教育资本构成,已有文献大多采用教育水平作为人力资源的代理变量之一,甚至将教育资本作为人力资源的唯一替代变量(杨建芳等,2006)。但一些学者认为,教育水平并不能完全解释人力资源,而培训资本也是其主要构成部分,卢卡斯很早就提出教育和干中学是人力资源形成的主要来源,干中学也可以认为是培训的一种特殊形式。借鉴已有研究,结合数据特点,本书选取受教育年限作为人力资源主要代理变量,上一年教育培训支出作为补充代理变量,为了处理方便和减少异方差影响,教育培训支出取对数形式。考虑到人力资源不仅仅是知识,而且还有健康构成,所以本书选择个人身体状况用以确保全面考查人力资源构成情况。为了考察人力资源中技术因素对创业的影响,结合 CHFS 2011 数据特点,关注了调查问卷中"在此工作中的专业技术职称是什么?"这一问题。如果回答"无职称"则为没有技术资源,如果回答为"技术员、初级职称、中级职称、高级职称和荣誉职称"则为拥有技术资源。

3. 其他控制变量

这些变量包括兄弟姐妹数量、个人性别、民族、年龄、婚姻状况和中共党员身份、个人的风险态度(风险喜好、风险中立、风险规避厌恶)和主观幸福感(主观幸福、主观一般、主观不幸福);与此同时,为了全面分析人力资源在不同区域的影响,将区域变量划分为东部、中部、西部,西部作为参照组。

(二) 模型说明

由于人力资源与创业之间存在互相影响的关系,即内生性问题。一方面,进行创业的人可能需要更多的人力资源来管理企业,包括培训、强身健体等;另一方面,实证过程中变量的遗漏,也可能导致人力资源的内生性。如果人力资源存在内生性,直接采用 Probit 模型进行估计,将会导致变量的估计值存在偏差。为了避免由于内生性问题导致估计结果的偏差,本部分选取工具变量进行两阶段估计，以期得到准确的估计结果。模型建立如下：

$$Prob(busi = 1) = \Phi(Z) = \int_{-\infty}^{Z} \varphi(v) \, dv \tag{1}$$

$$Z = \beta_0 + \sum_{n=1}^{k} \beta_i H_{ki} + \sum_{n=k}^{n} \beta_i X_{ni} \tag{8}$$

$$H_{ki} = \alpha_0 + \alpha_1 \ln aedu + \varepsilon \tag{9}$$

$$Z = \beta_0 + \sum_{n=1}^{k} \beta_i T_{ki} + \sum_{n=k}^{n} \beta_i X_{ni} \tag{10}$$

$$T_{ki} = \alpha_0 + \alpha_1 \ln js + \varepsilon \tag{11}$$

式（1）和式（8）是创业的概率选择模型，式（9）是诱导公式。其中 H_{ki} 表示一组人力资源变量，包括受教育年限、培训支出对数形式、个人身体健康状况。lnaedu（个人所在小区（村）除本人以外的平均受教育年限）是人力资源变量的工具变量。busi 表示是否进行创业（ busi = 1 表示创业，busi = 0 表示没有进行创业）；X 表示一组特征变量及区域特征变量，包括兄弟姐妹数量、个人性别、民族、年龄、婚姻状况和中共党员身份、个人的风险态度（风险喜好、风险中立、风险规避）和主观幸福感（主观幸福、主观一般、主观不幸福）；与此同时，为了全面分析人力资源在不同区域的影响，将区域变量划分为东部、中部、西部，西部作为参照组。

式（1）和式（10）是创业的概率选择模型，式（11）是诱导公式。其中 T_{ki} 表示技术资源变量。lnjs（家庭其他成员的专业技术职称）是技术资源变量的工具变量。busi 表示是否进行创业（ busi = 1 表示创业，busi = 0 表示没有进行创业）。

（三）描述性统计

表 5 – 13　　　　　　　　　变量的描述性统计

变量	变量定义	均值	标准差
创业	是否创业（是 = 1，否 = 0）	0.1172	0.3217
受教育年限	受教育年限（年）	10.3263	3.4147
教育培训支出	教育培训支出（元）	3263.688	10028.58
健康	健康状况（是 = 1，否 = 0）	0.8323	0.3736

续表

变量	变量定义	均值	标准差
专业技术职称	专业技术职称（有 = 1，无 = 0）	0.3310	0.4702
兄弟姐妹数量	兄弟姐妹数量（个）	3.1527	2.0293
中共党员	是否中共党员（是 = 1，否 = 0）	0.1284	0.3346
汉族	民族状况（汉族 = 1，其他 = 0）	0.9702	0.17
婚否	是否结婚（是 = 1，否 = 0）	0.7736	0.4185
年龄	年龄（岁）	43.1501	16.2737
男性	性别（男 = 1，女 = 0）	0.5013	0.5
信息获取渠道	信息获取渠道数量（种）	2.0545	1.1357
东部	东部地区 = 1，其他地区 = 0	0.4469	0.4972
中部	中部地区 = 1，其他地区 = 0	0.3202	0.4666
西部	西部地区 = 1，其他地区 = 0	0.2329	0.4227
风险喜好	风险喜好 = 1，其他风险 = 0	0.1365	0.3433
风险中立	风险中立 = 1，其他风险 = 0	0.2614	0.4394
风险厌恶	风险厌恶 = 1，其他风险 = 0	0.6021	0.4895
主观幸福	主观幸福 = 1，其他 = 0	0.6303	0.4827
主观一般	主观一般 = 1，其他 = 0	0.3026	0.4594
主观不幸福	主观不幸福 = 1，其他 = 0	0.067	0.2501

注：受教育年限分为未上过学、小学、初中、高中、中专/职高、大专/高职、本科、硕士、博士，依次取值为 0、6、9、12、14、15、16、19 与 22。

从表 5 - 13 可知，在 CHFS 2011 样本中，有 1833 名个人选择创业，占 11.72% 的比重，样本中，平均受教育年限为 10.32 年，虽然已经到达义务教育水平，但我国人均受教育水平仍然不高。教育培训支出费用为 3263.688 元，健康水平为 0.832，即受访者中仍然有 16.8% 存在健康问题。从样本区域来看，东部地区占 44.69%，中部地区占 32.02%，西部地区为 23.29%。拥有专业技术职称的人数为 1449 人，占比为 33.1%。样本人群中获得专业技术职称人数相对较少。从风险态度来看，风险喜好占比 13.7%，而风险厌恶达到 60.21%，表明我国家庭风险偏好较低，投资较为谨慎，符合我国国情。随着我国经济快速发展，居民的主观幸福感也不断提升，样本家庭中，主观幸福比例高达 63.03%。

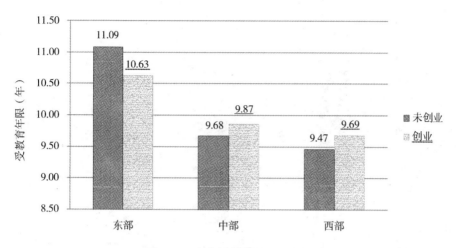

图 5 - 3　个体受教育水平分布图

　　进一步地，本书考察了创业个体与未开展创业个体之间受教育年限在区域之间的分布情况。从图 5 - 3 分布图中可以看出，不同职个体之间的受教育水平因所处区域不同呈现差异。在东部地区，未开展创业的个体的受教育年限明显高于创业个体，而在中西部地区，创业个体的教育程度要明显高于未选择创业的个体，且东部地区的教育程度要明显高于中西部地区。本书认为，个体的教育水平与地区经济发展水平和收入状况存在一定关系，经济较发达的东部是大学生择业的主要地区（许玲，2014），这在一定程度上也说明了经济发展驱动人才流动的方向，发展较为成熟的经济地区可以为高学历的创业者提供更多的商机和发展空间。从区域之间的创业者的受教育年限来看，我国创业者的平均受教育水平在初中或以上文化程度。可能的原因是拥有高学历的个体可由于其冒险精神和实干能力下降，并对社会地位有所顾忌，所以其创业概率较低（田千里，2000）。相对于东部地区的"另类"，本书的统计数据显示，中西部地区创业者的教育程度高于未进行创业的个体，这种现象可能的解释是，教育是个体选择创业以及创业成功的重要影响因素，但受教育水平与是否创业并不呈线性相关关系，一种可能的假设是创业者与受教育水平之间的关系受区域发展水平的影响。

　　从图 5 - 4 的教育、培训支出分布图可以看出，东部地区，教育、培

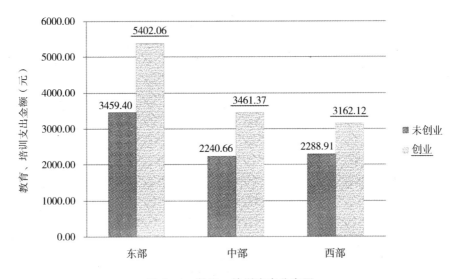

图 5-4 教育、培训支出分布图

训支出高于中西部地区，据我国教育培训行业发展环境及市场区域分析的报告显示，在区域分布上，我国东部地区的教育机构分布数量远高于中西部地区。[①] 因此，说明经济发展较好的东部地区对教育、培训的需求较高，而中西部地区特别是西南地区由于受地理文化等多方面因素的影响，教育、培训相对滞后。客观现实决定了创业群体的教育、培训支出存在区域差异。但从总体水平来看，创业者的教育、培训支出明显高于未开展创业的个体。这也说明了人力资本积累对创业具有重要影响。

从图 5-5 反映的数据来看，个体健康与创业存在一定影响。健康的体格是开展创业活动的基础。从图中反映的数据来看，中西部地区选择创业的个体健康比例均在 91% 以上，即在总体创业人群中占 91% 以上的个体拥有健康的体魄，健康是开展创业活动的重要影响因素。而在西部地区身体健康的创业者比例要低于中东部地区，可能的原因是，西部地区经济发展相对滞后，而且医疗服务水平相对落后，生活水平相对较低，导致健康水平相对低于中东部地区。

① 资料来源：http://free.chinabaogao.com/wenhua/201601/0119232X32016.html，访问时间：2016 年 1 月 8 日。

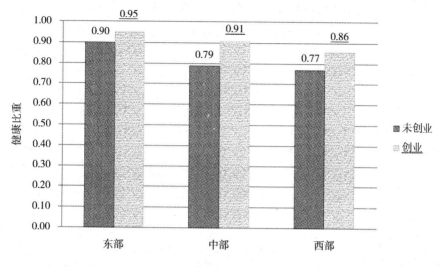

图 5 - 5　个体健康水平分布图

（四）人力资源对创业的影响分析

为了全面分析人力资源对创业的影响，本书将运用 Probit 模型进行回归分析。表 5 - 14 报告了人力资源对创业分析结果。衡量人力资源的受教育年限、教育培训支出和健康三个代理的边际效应分别为 0.0587、0.0189 和 0.0467，且三个变量均在 1% 置信水平下显著，说明人力资源对创业有显著的促进作用，人力资源越高，进行创业的可能性相对越大。但是受教育年限二次方系数显著为负，且在 1% 置信水平下显著，表明受教育年限与创业两者之间的关系并非线性，而是呈显著的"倒 U 形"关系，即随着受教育年限的逐渐增加，受教育年限对创业的影响将呈现出先升后降的趋势。当受教育年限达到临界值时，创业的概率最高。这一结果与赵朋飞等（2015）人力资本对城镇家庭创业研究一致。

控制变量方面，兄弟姐妹数量的边际效应分别为 0.002、0.0048 和 0.0042，模型 3 在 5% 置信水平下显著，表明兄弟姐妹数量对创业有显著促进作用，兄弟姐妹数量越多，其拥有的社会资源越大，越有利于创业。年龄和中共党员身份对创业有显著的负向影响，且均在 1% 置信水平下显著。在模型 1 中，年龄和中共党员身份的边际效应分别为 - 0.0033 和 - 0.0836，表明个体随年龄的增长，其创业概率呈下降趋势。而个体的党员身份也会降低创业概率。一般而言，年龄越大，顾虑越多，其创业的动力越小。汉族、男性和结婚人士对创业有正向影响，且均在 10% 置信水平下显著。信息获取渠道的系数分别为 0.0178、0.0127 和 0.0135，且均在 1% 置信水平下显著，表明广泛的信息获取渠道对创业有显著的促进作用，信息获取渠道越多，其获得的创业资源越多，其创业概率越大。相对于西部地区，东部和中部地区的创业可能性更大。考虑可能的原因是东中部地区经济发展较发达，创业的环境较为理想，所以其创业的概率越大。风险喜好家庭对创业有正向影响，但是不显著，但风险厌恶家庭对创业有显著负向作用，而且在模型 1 和模型 3 中，均在 1% 的置信水平下显著。这说明个人的风险态度对创业存在一定的影响，敢于冒险和挑战风险的个体倾向于选择风险性高的创业活动。

表 5 - 14　　　　　　　人力资源与创业：Probit 模型估计

变量	被解释变量：创业		
	模型 1	模型 2	模型 3
受教育年限	0.0587***		
	(0.0073)		
受教育年限平方	-0.0029***		
	(0.0003)		
教育培训支出对数		0.0189***	
		(0.0037)	
健康			0.0467***
			(0.0109)
兄弟姐妹数量	0.0020	0.0048*	0.0042**
	(0.0020)	(0.0027)	(0.0018)
中共党员	-0.0836***	-0.144***	-0.103***
	(0.0130)	(0.0168)	(0.0115)
汉族	0.0714***	0.0986***	0.0688***
	(0.0245)	(0.0361)	(0.0229)
婚否	0.0398***	0.0564**	0.0460***
	(0.0152)	(0.0275)	(0.0139)

变量	被解释变量：创业		
	模型 1	模型 2	模型 3
年龄	- 0.0033 ***	- 0.0040 ***	- 0.0034 ***
	（0.0004）	（0.0006）	（0.0003）
男性	0.0259 ***	0.0499 ***	0.0333 ***
	（0.0073）	（0.0100）	（0.0066）
东部	0.0684 ***	0.0575 ***	0.0598 ***
	（0.0100）	（0.0128）	（0.0087）
中部	0.0398 ***	0.0390 ***	0.0373 ***
	（0.0101）	（0.0133）	（0.0092）
信息获取渠道	0.0178 ***	0.0127 ***	0.0135 ***
	（0.0032）	（0.0041）	（0.0028）
风险喜好	0.0033	0.0067	- 0.0024
	（0.0105）	（0.0144）	（0.0097）
风险厌恶	- 0.0399 ***	- 0.0209 *	- 0.0327 ***
	（0.0081）	（0.0108）	（0.0074）
主观幸福	0.0129 *	0.0186 *	0.0100
	（0.0078）	（0.0105）	（0.0072）
主观不幸福	- 0.0167	- 0.0441 *	- 0.0197
	（0.0180）	（0.0253）	（0.0162）
样本数	9248	5388	10249
Pseudo R^2	0.0602	0.0523	0.0593

注：*** 、** 、* 分别表示参数在1% 、5% 、10% 的置信水平下显著；表中报告的是估计的边际效应；括号内报告了稳健标准误；样本缺失值导致了部分样本数减少，以下各表与此相同。

表5 – 14 中所有变量估计的结果都是在假设人力资源外生性的情况下进行的，由于人力资源可能存在内生性问题，一方面是人力资源与创业之间可能存在交互影响；另一方面，可能是出现变量的遗漏。如果直接采用 Probit 模型进行估计，将会导致变量的估计值出现偏差。为了避免这一问

题，本部分选取工具变量进行两阶段估计，以期得到准确的估计结果。工具变量选择为个人所在小区（村）除本人以外的平均受教育年限。选择该工具变量是基于以下考虑：一方面，所在小区（村）除本人以外的平均受教育年限反映了该小区（村）的文化程度，所谓物以类聚人以群分，所以该变量与本人受教育年限密切相关；另一方面，所在小区（村）除本人以外的平均受教育年限对本人是否进行创业没有直接关系，所以符合工具变量的选取条件。

表 5 – 15　　　　　　　人力资源与创业：IV – Probit 模型估计

变量	被解释变量：创业		
	模型 1	模型 2	模型 3
受教育年限	0.493 ***		
	(0.012)		
受教育年限平方	– 0.022 ***		
	(0.001)		
教育培训支出对数		0.034 **	
		(0.016)	
健康			0.744 ***
			(0.120)
样本数	9248	5085	9240
一阶段估计 F 值	38.32	294.94	46.78
工具变量 t 值	6.19	17.17	6.84
Wald 检验	72.4	1.04	25.52
(p 值)	0.0000	0.3084	0.0000

注：表中的控制变量与表 5 – 14 相同，为节省篇幅，不再详述。

从回归结果来看，模型 1 第一阶段弱工具变量检验 F 统计量为38.32，大于 Stock – Yogo 关于在 10% 偏误水平下的临界值 16.38，工具变量 t 值为 6.19，在 1% 置信水平下显著，表明不存在弱工具变量的问题。用 Wald 检验人力资源代理变量受教育年限内生性结果，p 值为 0，在 1%置信水平下，模型拒绝变量外生性的假设，说明人力资源代理变量——受教育年限是内生的，使用所在小区（村）除本人以外的平均受教育年限作为个人受教育年限的工具变量是必要且恰当的。在模型1的工具变量分析结果中，受教育年限的边际效应为0.493，且在1%置信水平下显著，高于表5-14模型1中估计系数。从而进一步说明变量内生性导致估计系数结果存在偏差。受教育年限的平方仍然是显著负向影响，且1%置信水平下显著，表明本人受教育年限与创业两者之间存在"倒U形"的关系，即随着受教育年限的增加，创业的影响呈现出是先升后降的趋势。在达到受教育年限的临界值时，创业的概率最高。模型2中，教育培训支出第一阶段弱工具变量检验F统计量为294.94，远高于Stock-Yogo在10%偏误水平下的临界值16.38，工具变量t值为17.17，在1%置信水平下显著，表明不存在弱工具变量的问题。用Wald检验内生性结果p值为0.3084，表明教育培训支出为外生变量，直接进行Probit回归便可以得到相应结果。而在模型3中，个人健康变量第一阶段弱工具变量检验F统计量为46.78，远高于Stock-Yogo在10%偏误水平下的临界值16.38，工具变量t值为6.84，在1%置信水平下显著，表明不存在弱工具变量的问题。用Wald检验内生性结果，值为0，在1%置信水平下拒绝外生性的假设，因此人力资源代理变量健康存在内生性。健康变量的边际效应为0.744，在1%置信水平下对创业具有显著的正向影响。

（五）技术资源对创业的影响分析

为了全面分析技术资源对创业的影响，本书将运用Probit模型进行回归分析，表5-16报告了技术资源对创业分析结果。在不考虑控制变量基础上，衡量技术资源的专业技术职称的边际效应为0.0066，且在1%置信水平下显著，表明技术资源对创业有显著的促进作用，技术资源越丰富，创业概率越高。加入控制变量后，技术资源的边际效应为0.0052，且在5%置信水平下显著，进一步说明技术资源对创业的显著促进作用。

控制变量方面，家庭成员数量对创业的边际效应为0.0001，在10%置信水平下显著，表明家庭成员数量对创业有显著促进作用，家庭成员数量可以增加技术资源的种类和数量，从而促进创业的可能性。信息渠道数量的边际效应为0.0013，在10%置信水平下显著，表明信息渠道数量对创业有显著促进作用，信息渠道越多，其拥有的创业信息越丰富，越有利于创业。风险喜好家庭对创业有显著正向影响，边际效应为 0.0067，且在 5% 置信水平下显著，说明个人的风险态度对创业存在一定的影响，敢于冒险和挑战风险的个体倾向于选择风险性高的创业活动。

表 5 - 16 技术资源与创业：Probit 模型估计

变量	被解释变量：创业	
	模型 1	模型 2
专业技术职称	0.0066***	0.0052**
	(0.0024)	(0.0024)
家庭成员数		0.0001*
		(0.0008)
信息渠道数量		0.0013*
		(0.0008)
风险喜好		0.0067**
		(0.0029)
风险厌恶		0.0016
		(0.0028)
样本数	4382	4314
Pseudo R^2	0.0496	0.1538

注：***、**、* 分别表示参数在 1%、5%、10% 的置信水平下显著；表中报告的是估计的边际效应；括号内报告了稳健标准误；样本缺失值导致了部分样本数减少，以下各表与此相同，为节省篇幅，表中未报告出的变量包括性别、民族、是否党员、年龄、主观幸福感等。

表 5 - 16 中的估计是基于技术资源变量为外生变量的假设基础上进行的，由于技术资源可能存在内生性，一方面，个人技术资源与创业之间存在交互影响的关系，创业越成功会使得不断提升自我，技术资源越丰富；另一方面，遗漏变量问题也可能导致技术资源对创业出现内生性。因此，不考虑技术资源内生性下的直接 Probit 模型可能导致估计结果出现偏差。为了解决内生性这一问题，本书选取工具变量进行两阶段估计，以期得到准确的估计结果。选取家庭其他成员是否拥有专业技术职称作为个人技术资源的工具变量，选择这一变量作为工具变量是基于如下思考：一方面，

家庭其他成员专业技术职称可能会影响潜在创业者技术能力的获取，所以该工具变量与技术资源密切相关；另一方面，其他成员的专业技术水平与潜在创业者是否进行创业没有直接关系，故而符合工具变量的选取条件。表 5 - 17 报告了工具变量的分析结果。

表 5 - 17　　　　　技术资源与创业：IV - Probit 模型估计

变量	被解释变量：创业	
	模型 1	模型 2
技术	0.5244**	0.4220*
	(0.1984)	(0.226)
家庭成员数		0.0123
		(0.0737)
信息渠道数量		0.118*
		(0.0660)
风险喜好		0.611***
		(0.233)
风险厌恶		0.146
		(0.251)
样本数	4382	4312
一阶段估计 F 值	12000	10006.72
工具变量 t 值	108.94	100.03
Wald 检验	0.15	0.2
（p 值）	0.6957	0.6517

注：***、**、*分别表示参数在1%、5%、10%的置信水平下显著；表中报告的是估计的边际效应；括号内表示稳健标准误；为节省篇幅，表中未报告出的变量包括性别、民族、是否党员、年龄、主观幸福感等。

表 5 - 17 结果显示，在不考虑控制变量情况下，用 Wald 检验技术资源内生性结果，显示 p 值为 0.6957，结果不显著，表明回归结果接受变量外生性的假设，说明个人技术资源对创业行为不存在内生性。直接进行 Probit 回归即可。在考虑控制变量的情况下，用 Wald 检验技术资源代理变量内生性结果，显示 p 值为 0.6517，仍然不显著，表明个人技术资源

对创业行为是外生的。

表 5 - 16 和表 5 - 17 实证分析结果表明，技术资源对创业有显著的促进作用，技术资源越丰富，进行创业的概率越大。因为个体拥有某项技术资源，势必对此技术相关行业比较了解，进行这种技术相关行业的创业进入壁垒将减少。此外，个体拥有技术资源，也将形成自身创业的优势和核心竞争力。

五　创业资源综合实证研究

创业是一项系统工程，需要潜在创业者整合各种资源，共同促进创业行为的达成。本书将创业资源划分为创业主体所拥有或能够控制的资源（可控资源）以及创业主体不能单独拥有或控制的资源（共享资源）两大类。而可控资源又可以细分为财富资源、社会网络资源和人力资源。为系统全面了解这些可控资源对创业的影响，下面将这些资源进行综合考察，分析其对创业的影响。

（一）　变量选取

1. 创业变量

在参考相关文献的基础上，结合 CHFS 2011 数据特点，以家庭作为创业行为的研究主体，关注调查问卷中"去年，您家是否从事工商业经营项目"这一问题。将是否从事工商业活动划分为创业（回答：是）与非创业（回答：否）。[1]

2. 创业资源变量

本部分主要考察财富资源、社会网络资源和人力资源对家庭创业的综合影响。在考虑了数据的可得性的基础上，选择总资产作为财富资源的代理变量。总资产是家庭财富最主要的构成，在 CHFS 数据的第二部分中包含了家庭资产和负债的详细信息，家庭总资产主要包括生产经营性资产、房屋资产、土地资产、车辆资产、耐用品资产和奢侈品资产等非金融资产，以及存款、股票、债券、基金和黄金等金融资产，本书选取家庭总资

---

[1]　需要说明的是农户生产经营活动如农业、林业、牧业、渔业等不在本部分的研究范围之内。

产（非金融资产和金融资产）来衡量家庭财富水平。我国是人情社会，人际交往过程中的礼金支出可能有效衡量家庭社会网络资源。本书参考何翠香和晏冰（2015）指标选取。选择家庭在春节等节假日和红白喜事方面的现金或非现金支出总额作为社会网络的代理变量。人力资源主要是由教育资本构成，已有文献大多采用教育水平作为人力资源的代理变量之一，甚至将教育资本作为人力资源的唯一替代变量（杨建芳等，2006）。本部分也选择户主教育水平来衡量人力资源。为了处理方便和减少异方差影响，将家庭财富资源和社会网络资源代理变量均取对数形式。

3. 其他控制变量

这些变量包括家庭人口、户主性别、户主年龄、户主的风险态度并将该变量划分为风险喜好、风险中立和风险厌恶三个分组变量，户主的主观幸福感并将该变量划分为主观幸福、主观一般和主观不幸福三个分组变量，户主受教育水平、户主的党员身份等变量。

（二）描述性统计

从表 5 - 18 报告的描述性统计结果可以发现：（1）在 CHFS2011 样本家庭中，有 1124 户选择创业，占比为 13.33%，表明我国家庭创业比例较低，这些家庭创业的形式大多以个体户或者个体工商户为主，占比约为86%；（2）家庭总资产为 65.74 万元，家庭礼金支出总额为 3027.163 元，户主平均受教育年限为 10.172 年，户主平均为初中以上的学历水平。（3）其他变量方面，家庭成员数平均为 3.477，体现我国大部分是三口之家或者四口之家，信息获取渠道数量平均为 2.075，平均有两种左右的信息获取渠道。风险厌恶的比重高达 60.7%，通过这一数据也反映出我国金融资产不高的原因，因为大部分金融资产存在风险。

表 5 - 18　　　　　　　　　变量的描述性统计

变量	变量定义	均值	标准差
家庭创业	家庭是否创业（是 =1，否 =0）	0.133	0.340
总资产	家庭总资产（万元）	65.740	136.698
礼金支出总额	家庭礼金支出总额（元）	3027.163	7341.527
受教育年限	户主受教育年限（年）	10.172	3.449
家庭成员数	家庭成员人数（个）	3.477	1.548

变量	变量定义	均值	标准差
信息获取渠道	家庭信息获取渠道数量（种）	2.075	1.151
男性	户主性别（男 = 1，女 = 0）	0.732	0.443
汉族	户主民族（汉族 = 1，其他 = 0）	0.971	0.168
中共党员	户主党员身份（是 = 1，否 = 0）	0.170	0.375
年龄	户主的年龄（岁）	49.931	14.061
正规信贷约束	是否存在银行信贷约束（是 = 1，否 = 0）	0.135	0.342
风险喜好	风险喜好 = 1，其他风险 = 0	0.258	0.438
风险中立	风险中立 = 1，其他风险 = 0	0.607	0.489
风险厌恶	风险厌恶 = 1，其他风险 = 0	0.634	0.482
主观幸福	主观幸福 = 1，其他 = 0	0.300	0.458
主观一般	主观一般 = 1，其他 = 0	0.066	0.249
主观不幸福	主观不幸福 = 1，其他 = 0	0.133	0.340

注：受教育年限分为未上过学、小学、初中、高中、中专/职高、大专/高职、本科、硕士、博士，依次取值为 0、6、9、12、14、15、16、19 与 22。

（三）创业资源对创业的综合影响分析

为了综合分析财富资源、社会网络资源和人力资源对创业的影响，本节将运用 Probit 模型进行回归分析。表 5 - 19 报告了财富等三种资源对创业的分析结果。在模型 1 中，不考虑控制变量直接将三种资源进行 Probit 回归结果显示，财富资源、社会网络资源和人力资源的边际效应分别为 0.0566、0.0209 和 0.0555，表明三种资源对家庭创业均有促进作用，而且相对于社会网络资源，家庭财富资源对创业的作用更大。财富资源、社会网络资源和人力资源均在 1% 置信水平下显著，表明这三种资源对创业均有显著促进作用。而衡量人力资源的受教育年限对家庭创业的影响并不是线性的。受教育年限二次方系数显著为负，且在 1% 置信水平下显著，表明受教育年限与创业两者之间的关系并非线性，而是呈显著的"倒 U 形"关系，即随着受教育年限的逐渐增加，受教育年限对创业的影响将呈现出先升后降的趋势。当受教育年限达到临界值时，创业的概率最高。

这一结果与 5.4 节单独考虑人力资源与创业的结论一致。在考虑控制变量后，财富资源、社会网络资源和人力资源的边际效应分别为 0.055、0.0169、0.0456，结果仍然表明三种资源对家庭创业均有促进作用，而且相对于社会网络资源，家庭财富资源边际效应的系数更大，对创业的作用更明显。且财富资源、社会网络资源和人力资源均在 1% 置信水平下显著。通过模型 1 和模型 2 中综合考虑财富资源、社会网络资源和人力资源对创业实证分析结果表明，这三种资源对创业均有显著的促进作用，相当于社会网络资源，家庭财富资源对促进创业的效果更明显。

表 5 - 19　　　　　　　　　资源与创业：Probit 模型估计

变量	被解释变量：家庭创业	
	模型 1	模型 2
家庭总资产对数	0.0566***	0.0550***
	(0.0037)	(0.0039)
礼金支出总额对数	0.0209***	0.0169***
	(0.0044)	(0.0046)
教育	0.0555***	0.0456***
	(0.0096)	(0.0098)
教育平方	-0.0031***	-0.0026***
	(0.0004)	(0.0004)
家庭成员数		0.0215***
		(0.0033)
男性		0.0266**
		(0.0109)
中共党员		-0.0635***
		(0.0144)
年龄		-0.0031***
		(0.0004)
风险喜好		0.0079
		(0.0138)

变量	被解释变量：家庭创业	
	模型 1	模型 2
风险厌恶		-0.0308***
		(0.0109)
样本数	5782	5362
Pseudo R^2	0.0766	0.1202

注：***、**、*分别表示参数在 1%、5%、10% 的置信水平下显著；表中报告的是估计的边际效应；括号内报告了稳健标准误；样本缺失值导致了部分样本数减少。为节省篇幅，未报告的变量包括信息获取渠道、民族、主观幸福感等变量。

在控制变量方面，家庭成员数量对创业的边际效应为 0.0215，在 1% 置信水平下显著，表明家庭成员数量对创业有显著促进作用。家庭成员增加 1 名，将使创业的概率增加 2.15%。家庭成员人数越多，创业的可能性越大，这一结论与张海宁等（2013）实证分析结果一致。中共党员和年龄变量对家庭创业有显著的负向影响，边际效应分别为 -0.0635 和 -0.0031，且 1% 置信水平下显著。风险厌恶家庭对创业有显著正向影响，边际效应为 -0.0308，且在 1% 置信水平下显著，表明风险厌恶家庭，其创业的概率减少 3.08%。这说明家庭的风险态度对创业存在一定的影响，厌恶风险的家庭倾向于保守活动，从而减少创业活动。

六　本章小结

通过对财富资源、社会网络资源、人力资源与创业之间实证研究，发现这三大资源显著影响着家庭或个体的创业选择行为。由于内生性问题的存在，可能会使回归结果产生偏差，因此本书运用工具变量法对财富资源、社会网络资源以及人力资源对创业的影响进行重新估计，发现发展中国家由于金融制度不发达，往往存在信贷约束，正是由于金融制度的不完善、信贷约束的存在，使得财富水平成为创业融资的重要渠道之一。同时，社会网络在家庭创业中也发挥了重要的作用，本书通过构建代表社会网络的统计变量，实证研究了社会网络对家庭创业的影响机制，运用工具变量法解决社会网络变量内生性问题后，发现社会网络是促进我国家庭创业的显著因素。具体来讲，社会网络通过缓解信贷约束，拓宽融资渠道、共享信息和资源促进了家庭创业活动。进一步，本书研究人力资源对个体创业的影响，为了克服人力资源内生性的影响，本书采用所在小区（村）除本人以外的平均受教育年限作为人力资源的工具变量进行两阶段估计。研究发现以个人受教育年限、教育培训支出和身体状况等变量来衡量的人力资源对创业有显著的正向作用，但是受教育年限对创业并非线性影响，而是呈显著的"倒 U 形"关系，即随着受教育年限增加，创业的概率先升后降，存在一个临界值，在这一临界值上，创业的概率最高，此后创业概率呈下降趋势。在考虑人力资源中技术因素对创业影响发现，技术资源对创业有显著的促进作用，技术资源越丰富，进行创业的概率越大。通过将财富资源、社会网络资源和人力资源综合分析发现，三种资源对家庭创业均有促进作用，相对于社会网络资源，家庭财富资源对创业作用更明显。

　　总体而言，本章的回归结果是结合了前文关于创业的理论基础及文献综述的基础上，并对创业资源的分类理论体系进行了创新而得出的，是对已有理论的检验和创新发展，并丰富和补充了当前创业相关理论的研究。

第六章　创业的社会扶持

　　创业是一项系统工程，不仅依赖于创业者个人所拥有或控制的资源，而且需要全社会的共同扶持。在一定时期内，由于资源的稀缺性，个人所能拥有或控制的资源毕竟是有限的，甚至是短缺的。若要扩大创业资源，推动创业事业的发展，还必须加大整个社会对创业的扶持力度，增加全社会对创业资源即共享资源的供给，实现集全社会的力量实现资源有效配置的目的。对于创业扶持体系的梳理是一项系统且复杂的工作，针对不同类型的创业者和创业企业，创业扶持的内容也不尽相同。即便如此，仍须开展这项基础工作以深入研究我国创业扶持的体系和作用机理，为进一步完善创业政策奠定基础。因此，本书从政府层面、银行等金融机构层面、企业（基金）层面和社会其他层面梳理了当前我国对大学生群体、农民工群体、小微企业、特殊群体的扶持措施和政策，以尽可能全面地为创业者展现社会扶持资源。

一　政府层面

　　政府层面的创业扶持政策是推动创业的重要力量。政府不仅可以发布行政命令和指导意见扶持创业行为，还可以调动和引入更广泛社会力量参与其中，使全社会形成良好的创业氛围。理论上，创业政策分为以下几种：第一种是中小企业政策的推广；第二种是新企业的创立政策；第三种为细分的创业政策；第四种是覆盖全面的创业政策。由于受国情实力的限制，目前我国实施的创业鼓励政策主要是第一种和第三种（辜胜阻，2008）。根据扶持对象不同，国家和地方政府出台了具有针对性的扶持政策，本部分分别从大学生、农民（农村）、小微企业和特殊人群四个群体的扶持政策进行梳理，以期全面了解政府层面社会扶持政策。

（一）大学生创业扶持

大学生是实施创新驱动发展战略和推进大众创业、万众创新的生力军，既要认真扎实学习、掌握更多知识，也要投身创新创业事业、提高实践能力（李克强，2014）。[①] 我国自 2002 年开始提出大学生创业带动就业的政策措施，上至国家层面，下至地方政府都陆续出台了一系列扶持大学生自主创业的政策文件。随着这些政策的逐步完善和细化，初步形成了以国家法规政策为宏观指导，地方政府结合实际情况形成的具体实施细则的高校学生创业法规政策的保障体系（许晓明，2015）。如《关于进一步深化普通高等学校毕业生就业制度改革有关问题意见的通知》《关于实施大学生创业引领计划的通知》《关于大力推进大众创业万众创新若干政策措施的意见》。从一系列大学生创业扶持政策的密集出台可以看出，国家对于大学生创业的关注程度和扶持力度逐年加大。地方政府根据自身实际情况也出台一系列大学生创业引领计划和政策文件，虽然这些大学生创业扶持政策的具体内容各具特色，但是基本政策含义都是在国家"大众创业、万众创新"的框架下展开的。概括来讲，政府扶持大学生创业政策措施可以概括如下：

第一，简化注册登记程序，减免注册相关费用。通过改革创新行政审批管理制度，简化登记手续，优化业务流程，与此同时，减免工商注册等费用。减轻大学生创业压力，为大学生创业提供便利。

第二，完善金融服务。资金是大学生创业过程中面临的最大门槛之一，为有效跨越这一门槛，国家对于符合条件的大学生提供金融贷款、利息减免和财政贴息等政策。在提供金融服务过程中，通过简化担保手续，强化担保基金的独立担保功能，适当延长担保基金的担保责任期限，为大学生创业提供周到快捷的金融服务。

第三，实施税费减免政策。持有人社部核发的《就业创业证》并在毕业年度内创办个体工商户、个人独资企业的高校毕业生，可享受营业税、城市维护建设税，教育费附加和个人所得税等税费减免优惠政策。与

----

① 资料来源：2014 年 9 月 10 日，李克强总理在夏季达沃斯论坛上的讲话。

此同时，各级地方政府也制定出更加详细的税收减免政策。

第四，提供大学生创业培训、辅导和创业导师帮扶。商业经验是大学生创业过程中面临的最大挑战，而创业培训和导师帮扶可以快速积累相关经验。所以，现有政策就加强高校创业提出较高的要求。教育部明确要求全国所有高校从 2016 年起开设创新创业课程，并且纳入学分管理。优秀的师资队伍和完善的课程体系才能保证创新创业课程体系落实到位，因此，加强创业培训师资队伍建设，探索创新创业培训方式和培训内容，落实质量监督管理。部分高校通过校企合作或者优秀企业家进校园等形式，对大学生创业进行直接帮扶，直接解决大学生创业过程中的困难。

第五，设立创业专项基金。国家鼓励从省、市、县、高校等各层次设立大学生创业专项基金，保护大学生的创业激情和创业梦想，有效扶持大学生成功创业。2015 年，国务院鼓励民间资本设立大学生创业风险基金，实现全方位服务大学生创业。

第六，创业平台建设。国家鼓励充分利用和整合大学科技园、高新技术开发区等现有资源，加快建设满足大学生创业需要的大学生创业园、创业孵化基地等平台，并给予最大的对口支持和指导。并且充分利用这些创业平台，为大学生实施创业实训、创业孵化、创业辅导结合和创新孵化方式等内容开展服务。对符合条件的创业大学生按规定给予经营场所租金补贴。各省政府结合高校实际情况，纷纷制定出更详细和贴切实际的平台建设。

第七，其他扶持政策。国务院对在校学生创业也出台了相应的政策进行扶持。如创新创业教学，探索创业与教学结合的新模式。本科弹性学制和放宽学业年限的实施，为在校学生创业奠定基础，而保留学籍休学创业政策的制定，为在校学生创业打消顾虑，设立创新创业奖学金鼓励在校学生开展创新创业活动。部分省市也出台了相应的大学生创业补贴政策，给予创业大学生创业培训补贴，并为在校大学生创业提供担保贷款贴息等福利。

（二）农民（农村）创业扶持

我国是传统的农业大国，在广大的农村地区，拥有着数量众多的劳动人口，为了激发农民的创新创业热情，促进农民就业创业，提高创收，加快"美丽家园"新农村建设。国家出台了一系列鼓励农村劳动力创业的政策措施。如 2015 年国务院出台的《关于进一步做好新形势下就业创业工作的意见》中第十一条指出:"鼓励农村劳动力创业。支持农民工返乡创业,发展农民合作社、家庭农场等新型农业经营主体,推进农村青年创业富民行动。"国务院办公厅在 2015 年 6 月 17 日出台《关于支持农民工等人员返乡创业的意见》(国办发〔2015〕47 号),国办发〔2015〕47 号文件就农民工创业出台了更详尽和具体的扶持政策。除北京、西藏和港澳台地区,其他地方政府都出台了切合地方实际的扶持农民工就业创业的政策(具体见表 6-1)。

表 6-1　　　　　　　　地方出台农民创业扶持文件汇总表

出台文件	时间
河北省人民政府关于进一步做好新形势下就业创业工作的实施意见(冀政发〔2015〕33 号)	2015 - 6 - 29
陕西省人民政府办公厅关于支持农民工等人员返乡创业的实施意见(陕政办发〔2015〕88 号)	2015 - 9 - 15
山西省人民政府关于进一步做好新形势下就业创业工作的实施意见(晋政发〔2015〕34 号)	2015 - 8 - 17
辽宁省人民政府关于进一步做好新形势下就业创业工作的实施意见(辽政发〔2015〕17 号)	2015 - 6 - 19
吉林省人民政府关于进一步做好为农民工服务工作的实施意见(吉政发〔2015〕29 号)	2015 - 7 - 23
黑龙江省人民政府关于进一步做好为农民工服务工作的实施意见(黑政发〔2015〕13 号)	2015 - 4 - 30
江苏省政府办公厅关于支持农民工等人员返乡创业的实施意见(苏政办发〔2015〕94 号)	2015 - 9 - 17
浙江省人民政府办公厅关于进一步做好为农民工服务工作的实施意见(浙政办发〔2015〕83 号)	2015 - 7 - 24
安徽省人民政府办公厅关于支持农民工等人员返乡创业的实施意见(皖政办秘〔2015〕163 号)	2015 - 10 - 10

续表

出台文件	时间
福建省人民政府关于进一步做好为农民工服务工作的实施意见（闽政〔2015〕19号）	2015 - 4 - 27
江西省人民政府关于进一步做好为农民工服务工作的实施意见（赣府发〔2015〕27号）	2015 - 7 - 3
山东省人民政府关于进一步做好新形势下就业创业工作的意见（鲁政发〔2015〕21号）	2015 - 9 - 7
河南省人民政府关于进一步做好为农民工服务工作的实施意见（豫政〔2015〕50号）	2015 - 8 - 3
湖北省人民政府关于做好新形势下就业创业工作的实施意见（鄂政发〔2015〕46号）	2015 - 7 - 26
湖南省人民政府关于进一步做好为农民工服务工作的实施意见（湘政发〔2015〕32号）	2015 - 8 - 6
广东省人民政府关于进一步做好新形势下就业创业工作的实施意见（粤府〔2015〕78号）	2015 - 8 - 7
海南省人民政府关于进一步做好为农民工服务工作的实施意见（琼府〔2015〕41号）	2015 - 6 - 5
四川省人民政府办公厅关于支持农民工和农民企业家返乡创业的实施意见（川办发〔2015〕73号）	2015 - 8 - 5
贵州省人民政府办公厅关于印发"雁归兴贵"促进农民工返乡创业就业行动计划的通知（黔府办发〔2015〕31号）	2015 - 10 - 10
云南省人民政府办公厅关于支持农民工等人员返乡创业的实施意见（云政办发〔2015〕60号）	2015 - 8 - 17
陕西省人民政府办公厅关于支持农民工等人员返乡创业的实施意见（陕政办发〔2015〕88号）	2015 - 9 - 15
青海省人民政府关于进一步做好新形势下就业创业工作的实施意见（青政〔2015〕63号）	2015 - 7 - 21
天津市人民政府办公厅关于进一步做好新形势下就业创业工作的实施意见（津政办发〔2015〕73号）	2015 - 9 - 12

续表

出台文件	时间
上海市人民政府关于进一步做好为农民工服务工作的实施意见（沪府发〔2015〕25 号）	2015 - 6 - 30
重庆市人民政府办公厅关于引导和鼓励农民工返乡创业的意见（渝办发〔2008〕296 号）	2008 - 10 - 17
广西壮族自治区关于创新和加强农民工工作的若干意见（桂发〔2014〕12 号）	2014 - 6 - 8
内蒙古自治区人民政府办公厅转发国务院办公厅关于支持农民工等人员返乡创业意见的通知（内政办发〔2015〕93 号）	2015 - 8 - 31
宁夏回族自治区人民政府关于进一步做好为农民工服务工作的实施意见（宁政发〔2015〕31 号）	2015 - 4 - 20
新疆维吾尔自治区人民政府办公厅关于进一步做好为农民工服务工作的实施意见（新政办发〔2015〕98 号）	2015 - 7 - 27
甘肃省人民政府办公厅关于支持农民工等人员返乡创业的实施意见（甘政办发〔2015〕132 号）	2015 - 9 - 13

资料来源：根据各政府网站发布文件整理而成。

"三农"问题一直是我国政府关注的重点问题，如何实现农村的发展和农民的增收是国家和各级政府的重要议题。从国家到各级地方政府陆续出台的扶持农民工创业的政策体系可以发现，我国政府对农民工创业的重视，为返乡农民工创业提供了大量切实可行的政策优惠，概括起来主要有如下几点：

第一，降低农民工创业门槛。为了鼓励农民工返乡创业，国家出台相应政策，取消非行政许可审批事项和不必要的行政许可审批事项，减少投资项目的前置审批。加大注册资本登记制度的改革力度，简化创业场所登记手续，放宽农民工返乡创业的经营范围，有效降低创业门槛。

第二，实施定向减税和普遍性降费政策。对符合条件的农民工创业人员和创业项目，按照规定可以享受减税政策。所有返乡创业人员，均免收属于省内权限的管理类、登记类和证照类等有关行政事业性收费。

第三，加大财政支持和补贴力度。国办发〔2015〕47 号文件明确规定："充分发挥财政资金的杠杆引导作用，加大对返乡创业的财政支持力度。"对于创业过程中符合相应条件的农民工创业人员，给予社会保险、支农惠农资金和贷款利息等补贴，且补贴力度和涉及面不断加大。

第四，加强金融扶持力度。通过加强政府引导作用，加大农信社、村镇银行、小额贷款机构、创投基金等信贷支持，鼓励金融机构开发特色金融产品和服务，确保农民工创业金融可得性进一步提高。创新融资模式，探索债券发行和股权众筹试点工作，加大金融服务农民工创业的力度。

第五，完善农民工创业服务体系。加强基层服务平台和互联网创业线上线下基础设施建设。依托存量资源整合发展农民工返乡创业园。完善农民工等人员返乡创业公共服务，改善返乡创业市场中介服务。

第六，强化农民工创业培训和帮扶。结合农民工创业特点、需求和地域经济特色，整合现有培训资源，开发有针对性和特色培训项目。加强农民工创业师资队伍建设，扩大培训覆盖范围，提高培训的可获得性，并按规定给予创业培训补贴。建立健全创业辅导制度，加强创业导师队伍建设，从经验和行业资源丰富的成功企业家、职业经理人、电商辅导员、天使投资人和返乡创业带头人当中选拔一批创业导师，为返乡创业农民工等人员提供创业辅导和必要的创业帮扶。

（三）小微企业扶持

小微企业是小型企业、微型企业、家庭作坊式企业和个体工商户的统称，绝大部分初创企业是小微企业。政府对小微企业的扶持，决定了创业者所创办企业的长远发展。近年来，国家和地方政府对小微企业的关注和扶持日益增加，从金融、税收、制度等方面扶持小微企业的发展，进一步细化了扶持小微企业发展的措施和意见，详见表6-2。

表6-2 国务院支持小微企业发展政策文件汇总表

文件名称	发布时间
国务院《关于进一步支持小型微型企业健康发展的意见》（国发〔2012〕14号）	2012-4-19
国务院办公厅《关于金融支持经济结构调整和转型升级的指导意见》（国办发〔2013〕67号）	2013-7-1

文件名称	发布时间
国务院办公厅关于金融支持小微企业发展的实施意见（国办发〔2013〕87 号）	2013 - 8 - 8
国务院《关于全国中小企业股份转让系统有关问题的决定》（国发〔2013〕49 号）	2013 - 12 - 13
国务院《关于进一步促进资本市场健康发展的若干意见》（国发〔2014〕17 号）	2014 - 5 - 8
国务院关于扶持小型微型企业健康发展的意见（国发〔2014〕52 号）	2014 - 10 - 31
中共中央 国务院《关于深化体制机制改革加快实施创新驱动发展战略的若干意见》（中发〔2015〕8 号）	2015 - 3 - 23
国务院办公厅《关于加快融资租赁业发展的指导意见》（国办发〔2015〕68 号）	2015 - 9 - 7

资料来源：根据国务院发布文件整理而成。

通过国务院和国家各部委对小微企业发展支持政策的整理，梳理总结以下具有代表性的扶持措施。

第一，税费减免和优惠。税收和行政事业性收费压力过大直接影响企业的生存和发展。为了扶持小微企业健康发展，政府加大了税收和行政事业性收费的减免和优惠的力度。通过提供范围宽泛和程度深化的政策措施，鼓励和扶持小微企业发展。如国家出台相关政策对小微企业免征组织机构代码证书费等四十余种行政事业性收费，提供政府性基金和就业保障金等优惠措施。

第二，专项资金扶持。将小微企业纳入地方中小企业专项资金的扶持范围，发挥地方中小企业资金的引导和扶持作用。鼓励设立小微企业发展专项资金扶持小微企业发展，充分利用中小企业和小微企业专项资金对小微企业创业基地建设，确保专项资金落实到位和用到实处。

第三，完善融资担保政策。大力发展政府支持的担保机构，引导其提高小型微型企业担保业务规模，合理确定担保费用。进一步加大对小型微型企业融资担保的财政支持力度，综合运用业务补助、增量业务奖励、资本投入、代偿补偿、创新奖励等方式，引导担保、金融机构和外贸综合服务企业等为小型微型企业提供融资服务。

第四，缓解融资成本高企问题。对小微企业而言，一方面，希望通过新三板获得企业发展急需的资金；另一方面，希望借助新三板来规范公司治理，优化股权结构，为企业长远发展奠定扎实基础。为此，2014 年国务院办公厅下发《关于多措并举着力缓解企业融资成本高的指导意见》，意见从保持货币信贷总量合理适度增长等 10 个方面缓解融资成本。同年，财政部、国税总局和证监会相继出台了关于全国中小企业股份转让系统（新三板）政策。

（四）特殊人群创业扶持

劳动法中将派遣工、"三期"女工、60 岁左右的老年劳动者定义为劳动中的特殊群体。本书所要分析的创业中的特殊群体是根据创业者的身份特征来进行区别的，把残疾人员、退伍军人和刑满释放人员作为一个特殊群体，研究其在创业过程政府的政策扶持。

残疾人员创业除了享受普通人群创业的所有政策之外，国家规定，对于申请从事个体工商业的残疾人，有关部门应当优先核发营业执照，并在场地、信贷等方面给予照顾。针对这些特殊人群，部分省市出台各具特色的扶持政策。如湖北省残联决定，自 2015 年起，每年将扶持 10 个省级残疾人创业品牌基地，给予资金支持；培育 1000 名残疾人创业能手；新增 1 万个残疾人就业岗位。[①] 昆明市对创业成功并且正常经营 6 个月以上的残疾人员，提供不超过 5000 元的创业扶持，并且对购买社会保险的企业进行补贴，每增加一人扶持 800 元。

退役士兵创业除了享受普通人群创业的所有政策之外，在退役两年内，可免费参加一次职业教育或技能培训；对于两年以上的退役士兵，可参加再就业培训或享受教育资助政策参加职业教育。对从事个体经营并符合条件规定的退役士兵，三年内限额依次扣减营业税、城市维护建设税等税收，限额标准为每户每年 9600 元。另外，退役士兵可以依照相关规定

---

① 资料来源：《湖北出台优惠政策鼓励残疾人创业就业》，http://news.xinhuanet.com/2015 - 08/06/c_ 1116170982. htm，访问日期：2015 年 9 月 20 日。

享受小额贷款担保等其他扶持政策。对退役士兵创办的微型企业，可享受小微企业的扶持政策，并在市场准入上放宽条件。

国家也对刑满释放人员的创业出台了相关的规定，2004 年，国家工商行政管理总局、民政部、公安部、财政部、劳动和社会保障部、司法部、国家税务总局、中央社会治安综合治理委员会出台的《关于进一步做好刑满释放、解除劳教人员促进就业和社会保障工作的意见》（综治委〔2004〕4 号）中明确提出："对刑释解教人员从事个体经营的，给予三年免征营业税、城市维护建设税、教育附加和个人所得税优惠政策。"现在，对于刑满释放人员进行创业提供了更多的税费优惠和减免政策，部分地区也制定了详细的刑满释放人员创业就业工作要点，如，2015 年青岛市出台《关于做好青岛市监狱系统即将（刑满）释放人员职业技能培训工作有关问题的通知》："刑满释放人员可获培训补贴创业培训每人600 元。"

二　银行等金融机构层面

银行是依法成立经营货币信贷业务的金融机构，主要业务包括吸收存款和发放贷款。银行对于创业的扶持主要为发放创业贷款资金，提供风险监控、信息共享等其他金融服务。对于不同的创业主体，其提供的扶持和服务内容存在一定差别，下面主要从大学生、农民、小微企业和特殊人群四个群体来分析银行的扶持政策。

（一）大学生创业扶持

在国家大力鼓励创新创业的号召下，银行等金融机构也在积极贯彻国家战略方针，制定了一系列政策措施支持大学生的创业活动。如创新大学生金融机制、模式和产品服务，为大学生创业者提供差异但适宜的金融支持。积极开展银行与学校、大学生创业项目基地、新技术孵化中心等的合作，搭建合作互动渠道。同时，创新信贷担保模式，探索第三方担保、创业导师担保、期权等信贷投入模式，促进大学生创业创新的可持续发展。

地方商业银行等金融机构也纷纷出台了各具特色的大学生创业扶持措

施。具有代表性的有：中国农业银行实施的"大学生返乡创业贷"项目，为返乡创业大学生提供优惠的信贷支持和方便、快捷、优惠的金融服务。① 云南省农村信用社为符合条件的大学生提供不超过 10 万元免担保创业贷款资金。江苏银行为支持创业，专门设立了大学生村官创业贷款项目，为大学生村官创业提供信贷服务和其他特色服务。

(二) 农民 (农村) 创业扶持

党的十八大提出要实现全民小康的目标要求，而"三农"问题和农村的创业就业是全民建设小康社会的着力点。农村金融服务是政府和农村联系的纽带，因此，支持农村、农民的创业措施不仅有利于促进农村、农民的就业，也是实现全民小康的重要手段。为支持农村、农民的创业活动，银行等金融机构积极创新农村金融服务，如农户小额信贷业务、农村微型金融、农户联保贷款等，努力满足农村、农民创业信贷需求，支持大学生村官、返乡农民工、农村青年等创业活动。

银监会自 2007 年以来，连续 8 年开展"送金融知识下乡"活动，通过这一活动为农村青年创业就业提供服务。在融资方面，累计为农村青年创业者发放小额贷款逾千亿元，努力解决农村青年融资困难的问题。在工作统筹方面，联合农村共青团等相关部门开展"农村青年电商培育工程"等培训、分享活动，在全国范围内建立了 1000 多个"农村青年创业金融服务站"，在金融信息服务和金融产品方面为农村青年创业提供主页帮扶。2008 年，团中央、中国银监会联合出台《关于实施农村青年创业小额贷款的指导意见》，从审批、发放、管理方面为农村青年创业提供方便、灵活、创新的小额贷款服务。2015 年，银监会印发《关于做好 2015 年农村金融服务工作的通知》，文件指出：要全力支持农村地区的创业活动，为返乡农民工、农村青年、农村妇女、大学生村官、科技特派员在农村的就业创业提供普惠性的金融服务。

商业银行等也结合自身条件，制定了各具特色的扶持政策。如 2010

---

① 资料来源：《农业部办公厅共青团中央办公厅人力资源社会保障部办公厅关于开展农村青年创业富民行动的通知》，http://www.moa.gov.cn/zwllm/tzgg/tfw/201510/t20151029_4883034.htm，访问日期：2015 年 11 月 18 日。

年，中国农业银行制定了《关于全面推进农村青年创业小额贷款工作的指导意见》从资金、金融知识等方面为农村青年创业者提供金融优惠。[①] 2014 年，中国民生银行在审批流程、特色金融服务等方面扶持农民创业项目的开展。[②]

（三）小微企业创业扶持

资金是制约小微企业发展壮大的主要因素之一，而银行又是小微企业资金主要来源机构。自 2011 年至今，国务院各部门（包括银监会、财政部、国家税务总局、国家发展改革委和中国人民银行）共出台了 9 项关于商业银行或金融机构扶持小微企业发展的具体指导文件（见表 6-3）。

表 6-3　　国务院各部门关于金融支持小微企业发展政策文件汇总表

政策文件	时间
银监会关于支持商业银行进一步改进小企业金融服务的通知（银监发〔2011〕59 号）	2011 - 5 - 25
银监会关于支持商业银行进一步改进小型微型企业金融服务的补充通知（银监发〔2011〕）94 号	2011 - 10 - 24
财政部国家税务总局关于金融机构与小型微型企业签订借款合同免征印花税的通知（财税〔2011〕105 号）	2011 - 10 - 17
银监会关于深化小微企业金融服务的意见（银监发〔2013〕7 号）	2013 - 3 - 21
国家发展改革委关于加强小微企业融资服务支持小微企业发展的指导意见（发改财金〔2013〕1410 号）	2013 - 7 - 23
银监会关于进一步做好小微企业金融服务工作的指导意见（银监发〔2013〕37 号）	2013 - 8 - 29

---

① 资料来源：《共青团中央中国农业银行支持农村青年创业就业合作协议》，http://www.cryn.net.cn/zhuanti/xedk/wjhb/200912/t20091211_319851.htm，访问日期：2015 年 10 月 15 日。

② 资料来源：《农业部办公厅中国民生银行办公室关于推荐 2014 年农产品加工业休闲农业农民创业项目的通知》，http://www.moa.gov.cn/zwllm/tzgg/tfw/201407/t20140722_3976502.htm，访问日期：2015 年 10 月 15 日。

政策文件	时间
中国人民银行关于开办支小再贷款支持扩大小微企业信贷投放的通知（银发〔2014〕90号）	2014-3-21
银监会关于完善和创新小微企业贷款服务提高小微企业金融服务水平的通知（银监发〔2014〕36号）	2014-7-23
财政部国家税务总局关于金融机构与小型微型企业签订借款合同免征印花税的通知（财税〔2014〕38号）	2014-10-24

资料来源：根据国务院各部门文件整理而成。

随着国家对小微企业发展的重视，银行等金融机构也通过不断创新，逐步制定出促进小微企业发展的金融服务模式，对小微企业的优惠措施主要有：

第一，设立专营体制机制。通过建立多层次、专业化的机构体系，优化组织机构。提高对小微企业的服务能力，截至2015年，已成立了5000余家小微支行、社区支行营业点。在定价、核算、审批、激励约束、培训和管理等方面联合制定契合发展的运行机制，提高服务小微企业的专营效率。通过设立小微企业专营银行，并在人力资源、财务资源方面给予小微企业特有的资源配置，增强对小微企业的专属金融服务能力。

第二，创新金融服务模式。借助新型服务载体，为小微企业提供便捷化、批量化、标准化的金融服务。创新金融产品，满足小微企业多元化金融服务需求。优化服务流程。依托"互联网+"模式，构建大数据服务平台，拓展小微企业的金融可得性。

第三，制定多方联动政策。在信贷支持、风险监控、信息共享方面，联合多级部门出台多项配套政策措施，保障小微企业健康发展。

部分银行结合自身发展定位，也制定了一系列扶持小微企业措施和服务，如民生银行将发展战略定位为"做小微企业的银行"，不断推进小微金融商业模式的变革和升级，全面实施小微2.0模式，从贷款业务、结算业务、专业培训、咨询服务、政府沟通和行业信息等特色服务为小微企业提供全面的金融优惠。^①中国邮政储蓄银行针对小微企业制定了具有特色的优惠措施，据统计，截至 2015 年 9 月月末，邮储银行累计发放小微企业贷款超过 2.4 万亿元，帮助 1200 万户小微企业解决了融资难题。^②

（四）特殊人群创业扶持

银行层面对残疾人的创业扶持，主要为提供创业资金。虽然残疾人可以享受普通人一样的银行贷款，但是在实施过程中仍然受到不公平待遇。为了有效缓解残疾人创业困境，部分地方残联联合银行，开展残疾人贷款产品和贷款项目。例如，2015 年 6 月，泰隆银行青田支行特批 3000 万元专项贷款基金，专门为青田县残障人士提供创业资金扶持。同时，残联作为支行的合作伙伴，为贷款客户提供利息补贴，每户补贴 3—5 厘不等，双方共同努力，切实降低残疾人创业的资金压力，做到互动双赢。^③ 2014 年年初，中国人民银行南阳支行为残疾人创业，专门设计了"残疾人贷款 + 公务员担保""已创业残疾人贷款 + 三户联保""残疾人创办企业 + 互保""残疾人 + 小额担保中心担保"等一系列为残疾人设计的信贷产品。截至 2014 年年末，南阳已直接向 300 多名残疾人发放贷款近 1000 万元。^④ 2011 年 6 月，浙江省安吉县农信社和县残联联合推出一项扶持残疾人创业举措——"残疾人专用银行"。残疾人用于种植、养殖和个体工商服务业等创业需要贷款的，经县残联审核同意可以免担保获得县信用社发放 10 万—50 万元不等的贷款，安吉县农村信用联社在贷款利率定价办法基础上下浮 20% 执行，而县残联根据不同类型给予 6% 左右的贴息补助，

---

① 小微 2.0 模式是指民生银行打造的以"模块化、标准化、规模化"为核心的小微金融 2.0 模式。资料来源：《民生银行打造"不一样的小微金融"》，http：//www.cb.com.cn/finance/2015_0124/1109613.html，访问日期：2015 年 11 月 12 日。

② 资料来源：《"邮储银行杯"中国青年涉农产业创业创富大赛总决赛擂响战鼓》，http：//www.psbc.com/portal/zh_CN/Home/PSBCNews/66758.html，访问日期：2015 年 11 月 12 日。

③ 资料来源：《泰隆银行支持残疾人自主创业》，http：//www.inlishui.com/html/hot/2015/0604/44945.html，访问日期：2015 年 10 月 10 日。

④ 资料来源：《人民银行南阳支行支持残疾人创业专门设计信贷产品》，http：//www.cjrjob.cn/？action - viewnews - itemid - 56242，访问日期：2015 年 10 月 10 日。

相当于是免息贷款。①

　　银行层面对退伍军人创业扶持主要是提供资金贷款。部分地方提供专门特色服务。例如，中国人民银行绥棱支行牵头成立了由县农村信用社、人武部、金融办和县劳动保障局等部门组成的"绥棱县扶持退伍军人创业贷款办公室"，对创业贷款进行指导、考核、监督。通过探索贷款抵押新模式、控制信用借款额度、严格把关军人贷款程序。2015 年第一季度，绥棱县农信社共在 4 个基层社开办了为退伍军人发放贷款业务，共为 20 户退伍军人发放创业贷款 43.4 万元，满足了退伍军人不同的创业资金需求。② 西峡农商银行先后与西峡县人社局、县妇联、县农办、县武装部等部门联合开展"退伍军人创业贷款""巾帼（军属）信用创业贷款"等，切实解决创业者的资金需求问题。③ 南昌农商银行进一步扩大服务对象和业务范围，创新推出"退伍军人创业贷款"，支持退伍军人群体创业、就业。④

　　刑满释放人员虽然可以享受普通人一样的待遇和政策，但是在现实生活中，仍然受到一定隐性歧视。为了有效缓解刑满释放人员创业压力，部分地区的银行专门设立相应扶持政策。例如，河南省新野县农村信用社制定了《支持刑满释放人员创业小额贷款管理办法》，截至 2013 年 3 月，已累计向刑满释放人员发放小额贷款 269 万元，帮助了刑满释放人员的创业发展。⑤ 南昌市对刑满释放人员可给予最高不超过 10 万元的贴息小额担保贷款。⑥

---

① 资料来源：《安吉"专用银行"助力残疾人创业》，http：//www. chinadp. net. cn/news_ /zhifu/2011 – 10/23 – 8806. html，访问日期：2015 年 10 月 10 日。

② 资料来源：《人民银行绥棱支行支持退伍军人创业贷款》，http：//www. cr. cn/zixun/2015/03/17/1201963. html，访问日期：2015 年 10 月 28 日。

③ 资料来源：《西峡农商银行助力"大众创新万众创业"项目开展》，http：//www. hnnx. com/sitegroup/hnnxs/html/ff808081343617b60134a781129e4534/20150423144468282. html，访问日期：2015 年 10 月 28 日。

④ 资料来源：《特色金融服务助"创客"圆创业梦》，http：//www. jxnxs. com/jxnxs/436348/436428/608921/index. html，访问日期：2015 年 11 月 15 日。

⑤ 资料来源：《新野县农信联社支持刑满释放人员创业》，http：//newpaper. dahe. cn/hnrbncb/html/2013 – 03/28/content_ 869868. htm? div = – 1，访问日期：2015 年 9 月 8 日。

⑥ 资料来源：《南昌出台就业创业"利好"政策刑满释放人员同样受惠》，http：//jx. people. com. cn/n/2014/1009/c190260 – 22550246. html，访问日期：2015 年 11 月 5 日。

三 企业(基金)层面

创业投资是为新创事业提供股权资本的投资活动,其投资方式是以私人股权方式从事资本经营,以扶持企业创业或在创业中追求长期资本的高风险、高收益的行业。[①] 创业投资基金是创业资本市场上最大的资金供应者,当投资成功后,一部分企业逐步成长为公开上市的创业投资公司。自20 世纪 80 年代中期,我国开始探索发展创业投资,随着发展环境不断改善以及扶持政策的相继出台,我国创业投资发展迅速,对新创企业的发展起到了显著的促进作用。据统计,2014 年中外创业投资机构新募集基金258 支,新增可投资于中国大陆的资本量为 190.22 亿美元,单只基金平均募集规模达 7518.49 万美元。投资方面,全年共发生 1917 起投资案例,其中 1712 起披露金额的交易共计涉及 168.83 亿美元,其中投资总额的表现尤为突出,达到历史新高。[②] 创业投资通过支持企业的创新创业活动,在增加就业岗位、提高企业研发能力、优化资源配置、促进税收增长和经济结构调整等多方面发挥了重要的作用。

根据资本来源不同,创业投资基金分为政策性创业投资基金和商业性创业投资基金。虽然创业投资基金都为创业企业提供资金支持,但是不同类型的创业投资基金,扶持形式、内容存在一定区别。

政策性创业投资基金根据政府出资形式和占比不同,又可以分为政府独资创业投资基金、政府控股创业投资基金、政府参股创业投资基金和创业投资政府引导基金。政策性投资基金扶持创业并不是以营利为主要目的,而是达到增加就业、培养和扶持相关产业、促进地方经济发展等目标。政策性创业投资基金主要通过资金投入、贷款贴息、无偿资助和技术指导等形式扶持创业。

创业投资政府引导基金。该基金是由政府出资设立且不以营利为目的,通过吸引金融机构、投资机构和社会资本参与并壮大基金。为支持创

---

① http://baike.baidu.com/link? url = kdrcX23AJVjOrQrWdy8KmC8pV_ mvYuXL5aDCBFCe_XFZCs3CWZjo7fky7vAm6Ml3rD − uXAbw7AqLRtBOsYYcwFlyUF5L8Kif8jbRIZ1Qvz3,访问日期:2015 年11 月 5 日。

② 资料来源:《2014 年中国 VC/PE 数据回顾》,《中国战略新兴产业》,2015 − 03 − 15。

业企业发展，以股权或债权等方式投资于新创企业的风投基金。目前，我国所有省市都已设立创业投资政府引导基金。其中，北京、上海、江苏、浙江等经济发展强劲省市，创业投资政府引导基金发展管理较为强劲。据有关数据显示，截至 2014 年年底，全国共设立创业投资政府引导基金 209 只，基金规模超过 1293. 39 亿元。[①] 该基金主要是充分发挥政府资金的引导作用和杠杠放大效应，有效吸引社会资本参与，增大创投资本的供给。创业投资引导基金并不是直接投资于创业企业，而是通过参股、融资担保、跟进投资等方式扶持创业投资基金或者创业投资企业，促进创业投资基金或者创业投资企业壮大和发展，从而间接服务创业企业。

商业性创业投资基金是指由一群具有科技或财务专业知识和经验的人士操作，投资于发展潜力大、成长快速的公司。商业性创业投资基金以获取股利与资本利得为目的，主要资助对象是一般投资者或银行不愿提供资金的高科技、产品新、成长快的风险投资企业。商业性创业投资基金投资目的与政策性创业投资基金完全不同，其主要的目的就是营利。据统计，2015 年，中国创投市场所发生的 3445 起投资分布于 23 个一级行业中。从投资案例分布行业来看，互联网行业仍然是位居第一位，共交易 1051 起。从投资金额方面来看，互联网行业以 396. 94 亿元人民币位居首位。商业性创业投资基金主要是通过资金投入、贷款担保、企业监管和服务价值增值等形式扶持企业创业。企业监管主要包括参与被投资企业董事会、在被投资企业业绩达不到预期目标时更换管理团队成员等手段。而企业服务主要包括帮助被投资企业完善商业计划、公司治理结构以及帮助被投资企业获得后续融资等手段。

四 社会其他层面

创业不仅需要政府层面、银行层面出台相关政策措施，需要创业投资企业和创业投资基金的大力支持，还需要社会各个层面共同关注，共同扶持，形成良好的创新创业的氛围，为大众创新、万众产业助力。社会其他层面对于创业的扶持，主要是通过公益项目、公益组织、各类协会和其他

---

① 资料来源：《投中观点：2014 年政府引导基金专题报告》。

组织等形式构成。对于这一层面的扶持，其扶持对象有一定要求和针对性，主要通过启动资金、创业咨询培训、创业导师辅导、创业资源共享等形式对创业进行扶持。我国影响力较大的创业扶持组织和协会有中国青年创业国际计划、中国创业协会、创业中国精英、中国创业投资协会和中华女性创业与投资协会等。

中国青年创业国际计划（YBC）是一个旨在扶持青年创业的教育性公益项目，通过构建 YBC 公益创业体系，促进改善创业环境，为缺乏条件启动创业和发展企业的创业者提供专业化的公益帮扶。该项目于 2003年 11 月在共青团中央等 8 部门和机构共同倡导下发起成立。截至 2014 年5 月，YBC 模式在全国 64 个城市成功复制；12000 名导师志愿者选择了YBC，为青年创业助力；8322 位青年受助创办了自己的企业，扶持期间创业企业存活率达 90%。中国青年创业国际计划主要扶持 18—35 岁的青年人，这部分人有良好的商业创意、创业项目和创业潜质，但缺乏资金或者商业经验。① 中国青年创业国际计划扶持的主要形式为以下几个方面：第一，3 万—5 万元无利息、无抵押、免担保的创业启动资金；第二，咨询培训和"一对一"陪伴式导师辅导，创业导师主要为扶持创业的志愿工作贡献时间、知识、经验、技术等资源，参与战略咨询、决策指导、志愿服务、智力帮扶、提供场所、人力资源等；第三，互助式的创业商网。

中国创业协会是 2010 年由国内多家企事业单位在香港共同成立的非营利组织，协会注册资金为 1.2 亿港元。中国创业协会主要是协助和鼓励中小企业树立民族品牌；通过对招商企业和创业者的关注，对他们在参与市场营销活动中进行科学的指导和帮辅；同时引导和帮助中小企业在自身发展过程中树立品牌意识，增强品牌概念，打造民族品牌；使中国的民营企业在国际市场中占据更多的份额，最大限度地参与到国际市场的舞台中，为民族企业的崛起贡献一分力量。②

① 资料来源：《YBC 介绍》，http：//www.ybc.org.cn/bigspecial/ybc_ intro.jsp，访问日期：2015 年 10 月 22 日。

② 资料来源：《中国创业协会》，http：//baike.baidu.com/link？url＝LYPumQreoS70t19w2wWi0eEndogmOib1SNDZwiutIWeUDzMnDXBFNkrg30z32C5WW－tsA9b29BAAlsUJ77aQ5，访问日期：2015 年 10 月 22 日。

五 我国社会扶持体系的问题与成因

(一) 我国创业扶持体系存在的问题

通过梳理归纳我国创业扶持政策体系发现，目前，我国已经形成了国家政策法规为宏观指导，地方政府结合实际情况制定具体实施细则的创业政策保障体系。创业帮扶对象主要是高校毕业生、农民工、小微企业和特殊群体，对这些群体的创业扶持政策形成了上至国家下至银行及社会（企业）的政策扶持体系，极大地鼓励创业者的积极性，推动了创业活动的开展。但仍存在一些亟待解决的问题：

首先，从国家出台的扶持政策来看，还缺乏对全体创业者的系统全面的政策支持。从中央政府到地方政府陆续出台的政策措施，鼓励了不同群体的创业活动。这些国家政策与相关的地方政策一起构成了促进创业、带动就业的政策体系，为不同类型的创业者给予政策、环境、资金、税收等方面的扶持和优惠。但这些政策主要侧重于失业人员、下岗职工、高校毕业生、残疾人员、退伍军人以及农民工等重点特殊人群的创业，如果要激发大众创业、万众创新的热情，必须出台切实可行的覆盖全体创业者的政策措施。另外，在众多的创业政策中，创业政策体系还存在整体性欠缺的问题，即使有些政策是多部门联合出台，但仍是基于各部门的管理范围和角度出发，缺乏政策体系的内在性，因而，造成了创业政策呈现碎片化的现象。

其次，为了积极响应国家号召，银行等金融机构纷纷出台相关的创业扶持政策，在资金方面为创业者提供了较多优惠支持。但是，我们发现从目前我国银行对创业的优惠措施来看，情况并不乐观，已有的政策大多是在国家或地方政府担保的情况下联合出台，或者对相关优惠政策进行试点运行。由于银行是以营利为目的的，出于对创业者风险和信誉的考虑，在创业者申请贷款的过程中，银行对贷款者资格审查要求严格，手续较为烦琐，提供金额数额有限，且贷款期限较短。创业贷款门槛过高，贷款困难的现状一段时间内还不能消除。

最后，从企业和社会其他层面的创业扶持政策来看，这方面的创业扶持政策有益地补充了我国的创业扶持政策体系，对创业活动的积极顺利开展发挥了不可替代的作用。但我们也发现，这些扶持政策仍存在一些值得关注的问题，如我国创业投资模式可能会存在资金使用效率低下，资金供求不匹配的情况。这就需要创新创业投资模式，结合互联网技术，发展"互联网＋"创业投资模式，促使人们利用无线互联技术来建立信息交流和获取渠道，快速分享项目信息和资金的支付。针对社会其他层面的创业扶持措施，应该加强监督管理，确保创业资金发挥最大效益。

从宏观角度讲，由于我国的创业扶持体系是在深化改革、推进市场经济转型的背景下产生。因此，在政策的制定中，不可避免会出现应急性和片段性的特点。从微观角度讲，一些扶持政策的制定还缺乏系统性和科学性，如在政策制定中对政策的理解程度、执行力度不够重视，造成政策实施中出现宣传空乏、监督和保障不力等机制欠缺。同时，政策制定还缺乏针对性和全面性，如有些政策只注重创业结果，并没有将创业政策真正灌输的创业过程中，因此，也就缺乏"精准性"。

（二）我国创业扶持体系问题的成因分析

创业扶持体系是由体系内部不同要素之间的相互关联与外部环境有机互动的条件下形成的，这其中的主体包括国家及地方政府、银行等金融机构、企业（基金）以及社会其他团体等，而相应的政策内容又设计到融资、教育、商务支持、创业环境等方面。因而，深入剖析创业扶持体系中各要素之间、单元之间的层次性，才能深刻把握创业扶持体系存在问题的成因。

首先，从目前我国创业扶持政策来看，还缺乏全面系统的创业体系，而造成这一创业政策体系缺失的原因是：一方面，当前我国提出的"大众创业、万众创新"的口号，是在新环境和新形势下对经济行为作出新的判断之后产生的，是经济发展过程中逐渐形成的，而这其中也不乏"摸着石头过河"的意味。另一方面，从宏观角度讲，由于我国的创业扶持体系是在深化改革、推进市场经济转型的背景下产生。因此，在政策的制定中，不可避免会出现应急性和片段性的特点。在前文梳理创业相关政策时，可以发现这样的问题，创业是拉动就业进而促进经济增长的驱动力，这就决定了创业政策制定的目标是为了解决就业问题。因此，这种背景下提出的创业政策体系难免会存在应急性和片段行的特点，从而忽略了创业的本质，也缺乏对创业政策扶持体系设计的前瞻性和长远性考虑。另外，政策制定主体的多元化也会带来部门之间职责混乱、分工不明的现象，部门之间创业政策制定的重复、交叉，造成了创业政策内容层次不清，内容混乱，这也是导致我国创业政策体系缺乏系统全面的原因。

其次，融资渠道匮乏和资金单一是当前我国创业主体融资的主要问题，从融资渠道来讲，内部融资和外部融资是获取创业资金的主要方式，而外部融资是创业融资的主要来源。外部融资又包括直接融资和间接融资，通过银行等金融机构进行融资的方式则是间接融资，这也是当前我国创业融资的主要方式。而造成创业融资困难的主要原因是，受限于国家和地方政府财力，国家和地方政府给予的创业扶持资金规模并不是很大，公共资金的有限性决定了银行等金融机构贷款成为获取创业资金的主要途径。而银行是以营利最大化为目的的企业组织。出于对创业者风险和信誉的考虑，银行在开展相关业务时会审慎的审核创业者的偿贷能力，因而也会出现初创企业因自身能力局限遭遇"制度性冷漠"的问题。

最后，风险投资是创业融资的有效途径，主要资助对象是一般投资者或银行不愿提供资金的高科技、产品新、成长快的风险投资企业。但风险投资在我国的发展还不够成熟，因而对于一般性的创业组织也很难通过风险投资获取创业资金。由于金融体制的不健全，公众对风险投资的认识不足，风险投资发展相对缓慢，因此对大众创业解决融资问题还有待提升。

另外，传统就业观念的根深蒂固，以及创业教育宣传的滞后等都影响到创业扶持体系的完善。创业政策信息的传播、政策实施的组织保障，以及实施过程中的监督和评估机制的滞后和不完善都造成我国创业扶持政策体系薄弱的原因。

六　本章小结

本章研究分析了我国创业扶持体系，从政府层面、银行等金融机构层面、企业（基金）层面、社会其他层面深入分析了我国对大学生创业群体、农民创业群体、小微企业、特殊群体的创业扶持措施。并分析了我国创业扶持体系存在的问题及成因。

政府层面的创业扶持政策是推动创业的重要力量。政府不仅可以发布行政命令和指导意见扶持创业行为，还可以调动和引入更广泛社会力量参与其中，使全社会形成良好的创业氛围。为了鼓励社会全体的创业活动，我国政府从行政审批、财政补贴、税收减免、平台建设以及培训教育等方面出台了大量的创业扶持政策和措施，以尽可能地为创业者提供全面的社会扶持资源。

银行等金融机构积极响应国家号召，制定了一系列政策措施支持不同创业群体的创业活动。银行等金融机构对于创业的扶持主要为发放创业贷款资金，提供风险监控、信息共享等其他金融服务。对于不同的创业主体，其提供的扶持和服务内容存在一定差别，针对不同类型的创业主体，银行等金融机构也积极创新金融机制、模式和产品服务，为创业者提供差异但适宜的金融支持。积极开展银行与高校、创业项目基地、新技术孵化中心等的合作，搭建合作互动渠道。同时，不断创新信贷担保模式，以促进创业创新活动的可持续发展。

创业投资是为新创事业提供股权资本的投资活动，其投资方式是以私人股权方式从事资本经营，以扶持企业创业或在创业来追求长期资本的高风险、高收益的行业。创业投资基金是创业资本市场上最大的资金供应者，在创业资金方面给创业者提供了具有实质性的帮扶。

社会其他层面对于创业的扶持，主要是通过公益项目、公益组织、各类协会和其他组织等形式构成。对于这一层面的扶持，其扶持对象有一定要求和针对性，主要通过启动资金、创业咨询培训、创业导师辅导、创业资源共享等形式对创业进行扶持。

通过梳理归纳我国创业扶持政策体系发现，目前，我国已经形成了国家政策法规为宏观指导，地方政府结合实际情况制定具体实施细则的创业政策保障体系。创业帮扶对象主要是高校毕业生、农民工、小微企业和特殊群体，对这些群体的创业扶持政策形成了上至国家下至银行及社会（企业）的政策扶持体系，极大地鼓励创业者的积极性，推动了创业活动的开展。但仍存在一些亟待解决的问题，如缺乏全面系统的创业扶持体系，创业者贷款困难的现状一段时间内还不能消除，以及创业投资模式可能会存在资金使用效率低下，资金供求不匹配的情况等，因此还需要进一步完善我国创业的社会扶持体系。

第七章　我国创业的政策建议

一　创业政策内涵

随着经济全球化的不断深化，世界经济竞争不断加剧，创业成为带动创新、促进就业和推动经济发展的重要引擎。而创业政策对创业的健康发展起到至关重要的作用。创业政策是政府鼓励扶持创业创新活动的核心内容，国内外众多学者从不同的视角对创业政策进行了研究，但由于关注角度不同，目前对于创业政策尚未形成统一的概念认识。

伦德斯特罗姆和斯蒂文森（Lundstrom and Stevenson，2001、2005）指出，从创业活动开始前的准备阶段一直到创业活动开始后的 42 个月内，创业政策通过设计和传递动力、技能和机会等要素影响人们的创业选择，鼓励他们进行创业。因此，创业政策是手段和策略，它直接影响一个国家或地区的创业活动水平。

欧洲创业绿皮书报告（2003）认为，创业政策是通过对创业者的激励和培育必要的技能以形成创业活力而出台的一系列的政策和措施。

哈特（Hart，2003）研究认为，创业政策是政府为帮助创业家营造良好的创新、创业环境，减少初创企业面临的不确定性而出台的一系列政策和措施。

李政和邓丰南（2006）认为创业政策是指一个国家或地区通过促进创业活动，保持创业活动水平，进而实现经济发展目标而出台的相关政策和措施。

辜胜阻等（2008）指出创业政策是以增加创业机会、提高创业技能、增强创业意愿，从而提升创业水平，促进"创业型经济"的发展为目的的一系列的制度安排或政策工具。

从不同学者对于创业政策的不同见解中我们发现一些共同的特征，即：创业政策的目标是激励和扶持更多的个体和企业参与创业活动，创业政策的实施手段是营造良好的创业环境和空间；创业政策的效果是激发创业活力。因此，创业政策是一系列激励和支持创业活动，营造创业环境和空间，降低个体或企业在创业活动中面临的不确定性，而激发创业活力的政策措施。

基于以上对创业政策的概述，可以概括出创业政策的几个基本特征：

（1）系统性。从创业活动本身来讲，创业是潜在创业者为实现一定的经济目的而进行的一系列经济活动，因此，从创业企业的生命周期理论视角讲，处于不同阶段的创业企业应该配套一定的创业政策。而从创业活动的相关主体来看，创业活动是一个系统性的过程，在这个过程中，体现了创业者、政府以及创业政策等一系列影响因素相互作用的合力。政府是政策的执行者，创业者是政策的受益者，政策是联系创业者与政府行为的纽带。因此，创业政策涉及从地区到国家、从低技术经济到高技术经济等各个经济发展领域，具有一定的系统性。

（2）多元性。由于政府包括中央政府、地方各级政府，政府组织的多元性使得相应的创业政策也呈现多维性，这些多维的创业政策就构成了系统性的创业政策，从而形成创业政策全方位、多视角和全过程的服务于创业活动的政策体系。

（3）全面性。实践证明，激励创业创新活动的政策是包含了增强创业文化、环境以及创业者能力的整体而全面的创业政策措施。全面的创业政策不仅可以激发创业活力，而且通过活跃的创业活动可以形成创业型社会，从而实现促进地区经济增长的目的。

创业政策的系统性、多元性和全面性为创业活动的积极开展提供了有力保障。创业政策系统性、多元性和全面性是创业政策实施的前提条件，也是创业政策体系形成的依据。

二　创业政策制定原则

创业活动是一项系统工程，具有一定的复杂性（辜胜阻等，2008），尤其是在我国政府驱动改革的发展中国家,高福利水平的政府公务员带来的就业"超强引致力"限制了一些极具创业能力的社会创业群体的职业选择,另外,特殊的政治、经济、文化背景也会影响创业活动。

本书在通过重构创业资源分类体系,研究了可控资源与共享资源在创业过程中发挥的重要作用。丰富的创业资源有助于创业者制定切实可行的创业计划,也为创业活动的开展奠定良好的基础。一方面,丰富的创业资源是开展创业活动的保障;另一方面,创业资源越丰富,越有利于提高创业组织获取、整合外部资源的效率。通过对我国的创业资源进行深入研究发现,当前我国的创业活动还缺乏宏观环境和创业文化方面的扶持和鼓励,特别是缺乏对创业过程的关注。基于此,结合本书的研究结论,本书认为创业政策的制定应该遵循以下原则。

(一) 注重创业过程中资源的阶段性作用

创业过程不仅包括从最初的创业动机到新创组织(企业)的成立,也包括新创组织(企业)的发展过程。不同阶段下,创业资源发挥着不同的作用。因此,创业政策的制定要特别注意创业的阶段性特征变化,着重解决不同创业阶段中的资源瓶颈问题。

在创业萌芽阶段,政府应加强场地、交通、通信、物业管理等基础设施等的投入,为创业营造良好的创业环境。政府提供的公共产品越多,就越有利于创业的集聚效应,从而促进创业规模形成。在创业成长阶段,政府应更多地提供非物质公共产品,如融资机构和工具等金融支持。积极培育良好的制度环境,以保障创业企业的生存,从而促进创业规模的迅速扩张。在创业成熟阶段,政府应该完善制度环境,如鼓励产学研相结合的合作模型,促进区域合作等,以促进创业企业在区域间的交流与合作,提高创业企业的核心能力,从而形成资源互补的优势。

另外,合理的创业政策还应特别注意政策制定和执行的系统性。系统性的创业政策需要从扶持对象、政策内容、扶持方式和执行主体上具有广泛性和层次性。针对不同的扶持对象,出台相宜的扶持政策,特别要注意扶持过程中的"精准性",从而建立系统化、层次化的创业政策扶持体系,为创业活动提供切实可行的政策支持。

（二）注重创业资源与社会文化相结合

我国是传统的关系型社会，特殊的社会文化决定了创业政策的制定须遵循特定的文化背景。差异的社会文化决定了创业影响因素不同，如何帮助创业组织获取创业资源是我国创业政策制定的关键（宁亮，2009）。贾生华和邬爱其（2006）总结了中国的文化特征，指出中国的文化特征主要表现在对不确定性规避程度较高、权力距离较大、女性化、集体主义、归属感、特殊主义，这些文化特征决定了影响我国创业的关键因素之一为资源的可得性。因此，拥有获取创业资源的网络对创业活动具有重要作用。

基于以上分析，政府在制定创业政策时，一方面，考虑到如何发挥创业者可控资源优势，政府的角色须更多体现"守夜人"的定位，减少政府行为的行政干预，提高政府职能的服务意识，将政府的权利范围限制在法制工具之内。从而为创业活动提供良好的环境氛围，提高创业活力。另一方面，逐步完善共享资源的支撑作用。受传统文化的长期影响，"成家立业"的价值观、"层级尊卑"的社会伦理观以及商业文化中强调的"和气生财""朋友多门路多"的观念深刻影响着创业资源的获取进而影响着人们的创业活动。因此，在创业政策的制定中，政府应更多基于这一特殊创业文化，制定适宜的政策措施，如搭建创业平台，通过搭建创业成功人士、政府机关以及融资机构等交流平台实现知识、经验、资金、信息等的流通和共享，从而实现创业资源的合理配置。同时，逐渐摒弃传统意识上对国有和集体经济的特殊情感，培养创新创业精神，营造适宜的创业文化和环境。

（三）注重创业政策与市场经济相协调

与成熟市场经济国家相比，我国的创业活动更多地体现为一种政府主导型的创业模式。因此，创业政策随经济形势的变化呈现动态多变的特征，也就是创业活动与经济制度之间存在互动影响的关系，在一定程度上表现为创业活动诱致创业政策的供给，这种被动的政府供给制度并不利于创业发展。

近年来，随着改革的不断深入，我国政府确立了创新驱动的发展战略，这就需要在创业政策制定中，确立创业型经济的建设方向，统筹全民创业发展，突破对创业活动的"低端锁定"，逐渐形成创业拉动经济发展的经济发展方式。

与此同时，创业政策制定应考虑来自市场上对创业环境改善的需求。创业政策的优劣是市场不断选择的结果，政府在实施规范性的创业政策时，需要通过市场机制检验政府政策在创业促进成果的有效性，在市场中通过不断试错和调整，发挥市场机制的协调作用，形成完善的创业政策体系。

三 政策建议

我国创业政策经历了从提倡科技创业、促进下岗再就业到当前鼓励全民创业，政策导向从单纯地提供优惠政策到优惠政策与创业辅导相结合的措施组合，体现出我国创业政策不断改善、优化的过程。完善的创业政策是促进创业的重要基础，随着经济形势的不断发展和变化，当前创业政策的制定应该在借鉴国际经验的同时，结合我国实际国情，使创业政策的制定更具理论化、系统化和全面化。因此，本书提出"三维度"的创业政策体系，即从创业者、政府、社会三个维度政策分析框架，立足我国国情，提出具有针对性的创业政策以更加适应中国创业型经济的发展。

（一）个体视角

欧盟创业绿皮书报告（2003）指出，进入障碍、创业者对风险和收益的预期、创业者能力和技能培养、全体社会成员对创业的可获得性是影响个人创业的关键因素。对于我国创业者而言，以上问题同样存在，仍须不断加以完善。

1. 进入障碍

完善的法律制度以及协调的管理体系是减少创业者进入障碍的保障。简化创业过程中的行政审批程序，减少进入管制，降低创业成本和创业门槛。组建企业的"一站式"服务设施，充分利用互联网的优势提供必要的创业帮助，实现创业服务网络系统高效率、全覆盖，提高政府效率，提高个人创业的积极性。

2. 创业者面临的风险和收益

对风险和收益的衡量是决定潜在创业者是否愿意承担风险进行创业的关键问题。降低潜在创业者在创业过程中面临的风险是政策制定者在制定创业政策时需要考虑的重要问题。因此，在政策设计中要创新破产制度制定，放宽对创业失败者的限制，同时创新社会保障制度以保障创业失败后的基本生活，消除潜在创业者对创业失败的恐惧感，提高创业积极性。

3. 创业者能力和技能培养

能力和技能是创业者开展创业活动的手段，是创业梦想变为现实的关键之一。通过教育和技能培训是提高创业者能力和技能的重要途径。通过在中小学教育中应该引入创新、独立、自信、冒险等精神教育并普及大学创业教育以形成完善的创业教育政策支撑体系，实现创业者能力的提高。同时发动社会各种力量共同参与创业技能培训，政府通过引导，组织一些富有创业实践经验、熟悉创业政策的成功创业家以及熟练和全面掌握与创业相关的专业技能服务人员创办民间组织，进行创业技能培训，对创业者进行帮助和辅导，提高创业者能力和技能水平。

4. 全体社会成员对创业的可获得性

当前我国实施的创业扶持政策主要以中小企业创业和科技创业政策以及侧重对不同类型创业群体的创业政策支持，还缺乏涉及全民整体创业的系统创业政策，因此，今后我国的创业政策应该更加具有"普适性"。

（二）政府视角

从政府维度上分析，影响创业的主要包括环境规制、税收、有技能劳动力的获得性、金融支持的获得性、对创业企业发掘知识和识别国际机会的帮助、风险投资等因素（欧洲创业绿皮书报告，2003）。

1. 环境规制

环境规制是影响创业的重要因素。一方面，在政府主导型发展中国家，公共部门往往具有高于社会均值的福利水平（张鹰，2010），这就对群体就业取向产生一种引致力。在追求公共部门就业的就业环境下，势必会制约一些具有创业能力的社会群体的职业选择行为；另一方面，政府部门的工作效率、对政绩工程的追求、对大企业的重视，往往会忽视小企业在创新方面的贡献，这也会影响创业企业的发展。另外，不同的经济发展水平也会影响创业活动的开展。良好的创业环境会提高一国或地区的创业水平。

2. 税收

税收作为一种行政负担，会制约企业的创业活动。随着边际所得税率的提高，企业可留用的发展资金将会减少，这就限制了企业的扩张规模和速度。放宽企业的税收和行政负担并给予企业适当的优惠是促进企业创业的有效方法，这不仅可以减少企业创业的成本，还可以增加创业的成功概率。

3. 有技能劳动力的获得性

劳动力市场的供求失衡造成企业很难觅到企业发展所需要的具备必要知识、技术和能力的人才，而产生这一结果的原因很大程度上归因于劳动力市场上的信息不对称。因此，这就需要建立完善的劳动力供求服务平台，更新和完善各方信息，增强劳动力市场供求匹配力度，提高企业对有技能劳动力的可获得性。

4. 金融支持的获得性

创业过程中，资金总是一个不可缺少的变量。在信贷市场不发达的情况下，创业企业往往面临融资难的困境。因此，进一步完善创业资金支持机制，创新企业抵押融资和信用担保机制，构建多方参与、多层次、动态的创业融资机制，协调好金融企业、政府和创业者之间利益关系，破解创业融资难题。

5. 对企业发掘知识和识别创业机会的帮助

促进创业活动开展的有效途径之一就是帮助创业者识别创业机会和培育创业技术。政府和各级部分可以通过设置专门的创业企业服务中心，为创业企业提供创业知识的指导和培训，方便创业专业知识的转移和转化。同时还可以通过区域性小企业创业基地、高科技企业孵化器、留学人员创业园、大学科技园等创业集群方式，进一步增强创业企业获取创业资源的渠道。

6. 风险投资

创业风险投资对创业企业的成长和成功具有重要的推动作用。政府应加大对创业企业的风险投资，建立和完善创业风险投资体系，推动创业企业发展。

（三）社会视角

积极培育和营造健康向上的创业文化，包括对失败的创业活动持宽容的态度，树立崇商重企的理念以及通过劳动致富的思想，培养艰苦奋斗和勇于冒险的精神，发扬团队意识、合作精神和创新精神等。积极发展创业文化产业，通过创业文化产业化提升创业活力，激励创业者开创新事业。正确评价和肯定创业者行为，重视创业活动，塑造和宣传创业行为模范促进创业活动，通过示范效应鼓励其他潜在创业者积极开展创业活动。积极开展创业教育，将创业教育深入中小学校以及高等院校，从青少年教育抓起，引导青年人更多地参与到创业活动的实践当中。在创业文化建设方面，要弘扬创业精神，树立创业榜样，鼓励创新、包容失败，营造良好的创业环境和氛围。

重点关注弱势群体创业活动，为这些特殊群体提供必要的咨询、培训以及优惠措施，消除社会中对这些弱势群体的歧视和创业壁垒，加强创业的基础设施配套工程建设，构建便利、优质、价廉的创业物质基础设施硬环境，同时提供开放、高效的信息化建设平台，通过硬件基础设施和软件基础设备的有机融合，为创业活动提供系统化服务，解决创业者的资源缺口，提高其创业率。

构筑开放型经济体系，建立合法公平公正的市场经济制度，坚定市场经济改革的方向，消除垄断壁垒和行政阻碍，利用市场经济的竞争机制开拓创业机会，激发创业者的创业激情。对社会中介组织发展给予政策法规上的支持，鼓励正规、专业的社会中介组织利用其专业特长参与到创业活动的具体环节中来，提高创业的效率和质量，带动经济发展。

四　本章小结

本章首先从创业政策内涵着手，较全面地分析了创业政策，并构建了创业政策体系。从个体视角、政府视角以及社会视角三个维度提出相应的政策建议以促进创业活动的开展。个体视角从进入障碍、面临的风险和收益、能力和技能培养以及全体社会成员对创业的可获得性等方面展开。政府视角主要是从环境规制、税收、有技能劳动力的获得性、金融支持的获得性、对企业发掘知识和识别创业机会的帮助以及内部创业和风险投资等方面对创业政策展开讨论。而社会视角是从积极培育和营造健康向上的创业文化、重点关注弱势群体创业活动以及构筑开放型经济体系等方面提出相应的政策建议。

通过从个体视角、政府视角和社会视角构建完善的创业政策体系，调动全民创业的积极性，形成"大众创业、万众创新"的新格局，实现创业带动就业进而促进经济更好发展的目标，促进我国经济持续、稳定、健康的发展。

第八章　全书总结与研究展望

一　全书总结

　　本书从资源基础和社会扶持视角下研究我国创业。首先对我国创业情况进行了概述，分析了我国创业的发展历程及当前创业形势和特点，进一步分析了我国创业的就业效应和社会效应。进一步，本书梳理了理论和文献，对创业的基本概念进行了阐述，通过对创业机会理论、创业周期理论、资源基础理论以及资源依赖理论的梳理，提出资源对创业的重要性，阐述了创业资源的概念及分类，结合本书研究目的，将创业资源重新划分为创业主体拥有或能控制的资源（可控资源）与共享资源两大类，并分别从以上两个维度阐述了资源对创业的重要作用。创业主体拥有或能控制的资源包括财富资源、社会网络资源与人力资源三大类。而共享资源包括环境资源及一国或地区的社会扶持政策。在创业资源的进行重新构建之后，选取了财富资源、社会网络资源和人力资源三个关键变量，利用2011年中国家庭金融调查微观数据实证研究了以上三个因素对我国创业的影响机制。笔者进一步总结和归纳了我国对创业的社会扶持政策，主要包括政府层面、银行等金融机构层面、企业层面以及社会其他层面，通过这样的分层方式详细分析了我国对大学生创业群体、农民工创业群体、小微企业以及特殊群体的创业扶持政策，为这些群体了解创业政策、选择创业扶持提供可参阅的政策指导。结合当前我国经济社会发展阶段的新形势，在参考欧洲创业绿皮书报告政策研究框架的基础上，从个人、政府、社会三个维度，提出促进创业，构建创新型经济的政策建议。

　　本书对创业资源分类体系进行了重构，从创业个体对资源控制的角度，将创业资源划分为可控资源和共享资源两大类。前者包括财富资源、社会网络资源和人力资源；后者为所有创业主体能够共享的资源，包括环境资源和社会扶持政策。基于这种主体控制资源的分类体系，本书对创业资源展开了深入的研究，主要研究结论可以概括为以下四个方面：

1. 使用中国家庭金融调查报告数据（CHFS 2011）家庭数据研究财富资源对创业的影响，选用家庭总资产、金融资产和房屋资产衡量财富水平，由于创业与财富水平之间存在内生性问题，本书在选取恰当的工具变量之后，运用工具变量法实证研究创业因素对创业的影响机制。从回归结果来看，我国居民的财富水平显著提高了家庭创业概率，这也间接揭示了信贷约束对我国创业活动存在制约影响。分析还发现，家庭财富对正规信贷约束有显著的负向影响，表明家庭财富可以缓解信贷约束，越富裕的家庭，面临正规信贷约束的概率越小。信贷约束制约家庭的创业行为，通常家庭创业面临一个融资门槛，由于信贷约束的存在，家庭创业不能通过外部融资获取足够的创业资金，而家庭财富水平通过财富效应缓解了信贷约束，促进了家庭创业活动。进一步，本书研究房产等相关变量对家庭创业的影响，由于房产通过财富效应、替代效应和挤出效应来影响家庭创业活动，在实证回归中，本书选取了家庭是否拥有自有住房、预期房价实证研究房产相关变量对家庭创业的影响。发现房产的财富效应、替代效应和挤出效应同时存在，说明房产对家庭创业的影响复杂的，财富效应、替代效应、挤出效应共同影响着家庭的创业行为。

2. 基于 CHFS 2011 家庭数据研究社会网络资源对创业的影响，选用礼金支出总额、礼金收支总额、外出就餐费用和通信费用总额多角度衡量社会网络，并且深入探究了社会网络对家庭创业影响机制。为了克服社会网络内生性问题给估计结果带来的偏差，书中引入汶川地震灾后的捐款金额这一变量作为社会网络的工具变量进行两阶段估计。研究发现：（1）衡量社会网络的礼金支出总额、礼金收支总额、外出就餐费用和通信费用总额等四个代理变量对家庭创业有显著的正向作用，表明社会网络资源越丰富，家庭创业概率越大。（2）社会网络四个变量对正规融资渠道和非正规融资渠道有正向影响，说明社会网络能够有效拓宽融资渠道。与此同时，社会网络对正规借款总额和非正规借款总额有显著促进作用，说明社会网络可以通过正规和非正规融资渠道获得更多的贷款金额，从而促进家庭创业。（3）融资渠道和融资金额对创业均有促进作用，家庭社会网络通过融资渠道来影响家庭创业行为，广泛的社会网络将拓宽家庭融资渠道和增加融资金额，从而促进家庭进行创业。（4）社会网络可以缓解家庭的正规信贷约束，从而进一步促进家庭创业。

3. 基于 CHFS 2011 个体微观数据研究人力资源对创业的影响，选用受教育年限、教育培训支出和健康三个变量衡量人力资源。为了克服人力资源内生性问题给估计结果带来的偏差，采用所在小区（村）除本人以外的平均受教育年限作为人力资源的工具变量进行两阶段估计。研究发现以个人受教育年限、教育培训支出和身体状况等变量来衡量的人力资源对创业有显著的正向作用，但是受教育年限对创业并非线性影响，而是呈显著的"倒 U 形"关系，即随着受教育年限增加，创业的概率先升后降，存在一个临界值，使得创业的概率最高。人力资源中技术因素对创业也有显著的促进作用。

4. 基于 CHFS 2011 家庭层面数据，综合分析财富资源、社会网络资源、人力资源对创业的影响。研究结果表明家庭财富资源、社会网络资源、人力资源对创业有显著的促进作用，家庭越富有、社会网络资源越广、人力资源越丰富，家庭创业的概率越大。相对于社会网络资源，财富资源对创业的作用更明显。

二 研究展望

本研究从我国创业的发展历程及现状、创业相关概念的界定、创业理论文献、创业的资源基础等方面对我国的创业进行了研究。并基于理论研究和实证研究，从个人、政府和社会三个层面提出了适合我国创业的政策建议。然而，本书仍有一些问题需要进一步研究：

1. 研究内容：本研究主要研究了资源视角下我国的创业影响因素，通过对创业资源理论的梳理，重构创业资源的分类。由于创业资源对创业的影响是复杂的，且资源之间也存在相互影响、相互依赖的关系，因此，有必要进一步细化资源的分类。另外，本书仅对创业的可控资源与创业的影响进行了实证分析，而缺少社会扶持政策对创业的实证研究，因此，从理论和实证角度进一步分析社会扶持政策对创业的影响将是本书作者后续需继续完成的研究。

另外，本书还认识到对创业资源的研究还有待进一步深入，如果我们把创业资源总量设为 TR，创业者拥有和可控创业资源量为 X，共享资源为 Y，则有下列函数：

$$TR = aX + bY \quad （式中 a、b 为常数系数）$$

根据上式，创业资源总量 TR 为 X 与 Y 之和，并与这两个变量均成正比。如果要增加 TR，必须增加 X 或 Y，或二者同时增加。这样就涉及以下问题：

（1）TR 的总量究竟多少为宜？占 GDP 总量的多少？

（2）X 和 Y 之比多少为宜？

（3）X、Y 的供给具有一定的弹性，影响二者的供给有哪些因素？如何促进 X、Y 的供给？

上述问题将是作者今后需要更加深入探讨的重点。

2. 研究方法：本书在结合已有创业理论及文献的基础上，通过建立计量经济模型来验证创业资源对创业的影响机制，但是该方法并不能真实再现实际生活中资源获取对创业的影响机制。同时，在实证研究的过程中也存在一些不足和需要进一步完善的地方，如截面数据解释的局限性。另外，本书还缺乏必要的理论模型，因此，有必要不断完善和修正支撑本书的理论模型和实证模型，以更深入研究我国创业问题。

参考文献

中文文献

[1] 边燕杰、丘海雄：《企业的社会资本及其功效》，《中国社会科学》2000年第2期，第87—99页。

[2] 蔡栋梁、何翠香、方行明：《住房及房价预期对家庭创业的影响》，《财经科学》2015年第6期，第108—118页。

[3] 蔡莉、单标安、朱秀梅、王倩：《创业研究回顾与资源视角下的研究框架构建——基于扎根思想的编码与提炼》，《管理世界》2011年第12期，第160—169页。

[4] 蔡莉、单标安：《中国情境下的创业研究：回顾与展望》，《管理世界》2013年第12期，第160—169页。

[5] 初明达：《农民创业可选择类型研究》，《调研世界》2008年第2期，第22—23页。

[6] 程郁、韩俊、罗丹：《供给配给与需求压抑交互影响下的正规信贷约束：来自1874户农户金融需求行为考察》，《世界经济》2009年第5期，第73—82页。

[7] 程郁、罗丹：《信贷约束下农户的创业选择——基于中国农户调查的实证分析》，《中国农村经济》2009年第11期，第25—38页。

[8] 陈佳贵：《关于企业生命周期与企业蜕变的探讨》，《中国工业经济》1995年第11期，第5—13页。

[9] 丁攀、胡宗义：《股价与房价波动对居民消费影响的动态研究》，《统计与决策》2008年第15期，第106—108页。

[10] 董保宝：《创业研究在中国：回顾与展望》，《外国经济与管理》2014年第1期，第73—80页。

［11］杜政清：《国外房地产市场生命周期的发展与我国房地产市场开拓的宏观决策探讨》，《外国经济与管理》1997 年第 3 期，第 43—46 页。

［12］方竹兰：《从人力资本到社会资本》，《学术月刊》2003 年第 2 期，第 80—86 页。

［13］方世建、桂玲：《创业、创业政策和经济增长——影响途径和政策启示》，《科学学与科学技术管理》2009 年第 8 期，第 121—125 页。

［14］关晓丽、郑莹、方胜虎：《创业基础》，人民出版社 2014 年版。

［15］甘宇、朱静、刘成玉：《家庭创业及其城乡差异：金融约束的影响》，《上海经济研究》2015 年第 9 期，第 15—23 页。

［16］高建、陈源、李习保、姜彦福：《全球创业观察中国报告（2007）——创业转型与就业效应》，清华大学出版社 2008 年版。

［17］顾桥：《中小企业创业资源的理论研究》，中国地质大学出版社 2004 年版。

［18］甘犁：《中国家庭创业现状》，《第一财经日报》2012 年 12 月 12 日。

［19］辜胜阻、肖鼎光、洪群联：《完善中国创业政策体系的对策研究》，《中国人口科学》2008 年第 1 期，第 10—18 页。

［20］辜胜阻：《新一轮创业创新浪潮的六大特征》，《经济日报》2015 年 8 月 20 日。

［21］郭云南、姚洋：《宗族网络与农村劳动力流动》，《管理世界》2013 年第 3 期，第 69—81 页。

［22］郝朝艳、平新乔、张海洋、梁爽：《农户的创业选择及其影响因素冲——来自"农村金融调查"的证据》，《中国农村经济》2012 年第 4 期，第 57—65 页。

［23］黄静、屠梅曾：《房地产财富与消费：来自于家庭微观调查数据的证据》，《管理世界》2009 年第 7 期，第 35—45 页。

［24］贺小刚：《企业家能力、组织能力与企业绩效》，上海财经大学出版社 2006 年版。

［25］何翠香、晏冰：《社会网络、融资渠道与家庭创业——基于中国家庭金融调查数据的研究》，《南方金融》2015 年第 11 期，第 30—

37 页。

[26] 黄旭、程林林:《西方资源基础理论评析》,《财经科学》2005年第 3 期,第 94—99 页。

[27] 李路路:《社会资本与私营企业家——中国社会结构转型的特殊动力》,《社会学研究》1995 年第 6 期,第 46—58 页。

[28] 林南、俞弘强:《社会网络与地位获得》,《马克思主义与现实》2003 年第 2 期,第 46—59 页。

[29] 林强、姜彦福、张健:《创业理论及其架构分析》,《经济研究》2001 年第 9 期,第 85—94 页。

[30] 林嵩:《创业资源的获取与整合——创业过程的一个解读视角》,《经济问题探索》2007 年第 6 期,第 166—169 页。

[31] 林嵩:《房地产行业对于创业活动的挤出效应——基于中国跨地区面板数据的分析》,《经济管理》2012 年第 6 期,第 21—29 页。

[32] 廖湘岳、戴红菊:《商业银行贷款与房地产价格的关系研究》,《上海经济研究》2007 年第 11 期,第 91—96 页。

[33] 卢亚娟、张龙耀、许玉韫:《金融可得性与农村家庭创业——基于 CHARLS 数据的实证研究》,《经济理论与经济管理》2014 年第 10 期,第 89—99 页。

[34] 刘杰、郑风田:《流动性约束对农户创业选择行为的影响——基于晋、甘、浙三省 894 户农民家庭的调查》,《财贸研究》2011 年第 3 期,第 28—35 页。

[35] 刘万利、胡培:《创业风险对创业决策行为影响的研究——风险感知与风险倾向的媒介效应》,《科学学与科学技术管理》2010 年第 9 期,第 163—167 页。

[36] 苗青:《公司创业机会识别与决策机制研究》,兵器工业出版社 2006 年版。

[37] 马光荣、杨恩艳:《社会网络、非正规金融与创业》,《经济研究》2011 年第 3 期,第 83—94 页。

[38] 平新乔、陈敏彦:《融资、地价与楼盘价格趋势》,《世界经济》2004 年第 7 期,第 3—10 页。

[39] 魏宇辉:《民营经济概论》,郑州大学出版社 2004 年版。

［40］吴晓瑜、王敏、李力行：《中国的高房价是否阻碍了创业？》，《经济研究》2014 年第 9 期，第 121—134 页。

［41］谢洁玉、吴斌珍、李宏彬、郑思齐：《中国城市房价与居民消费》，《金融研究》2012 年第 6 期，第 13—27 页。

［42］尹志超、宋全云、吴雨、彭嫦燕：《金融知识、创业决策和创业动机》，《管理世界》2015 年第 1 期，第 87—98 页。

［43］杨建芳、龚六堂、张庆华：《人力资本形成及其对经济增长的影响——一个包含教育和健康投入的内生增长模型及其检验》，《管理世界》2006 年第 5 期，第 10—18 页。

［44］杨军、张龙耀、姜岩：《社区金融资源、家庭融资与农户创业——基于 CHARLS 调查数据》，《农业技术经济》2013 年第 11 期，第 71—79 页。

［45］杨俊、张玉利：《社会资本、创业机会与创业初期绩效理论模型的构建与相关研究命题的提出》，《外国经济与管理》2008 年第 10 期，第 17—24 页。

［46］杨继瑞：《人力资源与人力资本的辨析》，《经济纵横》2005 年第 12 期，第 36—39 页。

［47］杨汝岱、陈斌开、朱诗娥：《基于社会网络视角的农户民间借贷需求行为研究》，《经济研究》2011 年第 11 期，第 116—129 页。

［48］朱明芬：《农民创业行为影响因素分析——以浙江杭州为例》，《中国农村经济》2010 年第 3 期，第 25—34 页。

［49］张维迎：《理性思考中国改革》，《权衡》2006 年 3 月 13 日第 41 版。

［50］张健、姜彦福、林强：《创业理论研究与发展动态》，《经济学动态》2003 年第 5 期，第 71—74 页。

［51］张龙耀、杨军、张海宁：《金融发展、家庭创业与城乡居民收入——基于微观视角的经验分析》，《中国农村经济》2013 年第 7 期，第 47—57 页。

［52］张龙耀、张海宁：《金融约束与家庭创业——中国的城乡差异》，《金融研究》2013 年第 9 期，第 123—135 页。

［53］张玉利、杨俊：《企业家创业行为调查》，《经济理论与经济管

理》2003 年第 9 期，第 61—66 页。

[54] 张玉利、李乾文：《创业导向、公司创业与价值创造》，南开大学出版社 2009 年版。

[55] 张玉利、杨俊、任兵：《社会资本、先前经验与创业机会——一个交互效应模型及其启示》，《管理世界》2008 年第 7 期，第 91—102 页。

[56] 张玉利：《创业研究经典文献述评》，南开大学出版社 2010 年版。

[57] 周京奎、黄征学：《住房制度改革、流动性约束与"下海"创业选择——理论与中国的经验研究》，《经济研究》2014 年第 3 期，第 58—170 页。

[58] 郑风田、程郁：《创业家与我国农村产业集群的形成与演进机理——基于云南斗南花卉个案的实证分析》，《中国软科学》2006 年第 1 期，第 100—107 页。

英文文献

[1] Acemoglu D. , Johnson S. , Robinson J. A. , "Colonial Origins of Comparative Development: An Empirical Investigation", *American Economic Review*, 2001, 91 (5): 1369—1401.

[2] Amar V. , Bhide, "The Questions Every Entrepreneur Must Answer", *Harvard Business Review*, 1996, 74 (6): 120—130.

[3] Anderson C. R. , Zeithaml C. P. , "Stage of the Product Life Cycle, Business Strategy, and Business Performance", *Academy of Management Journal*, 1984, 27 (1): 5—24.

[4] Ardichvili A. , Cardozo R. , Ray S. , "A Theory of Entrepreneurial Opportunity Identification and Development", *Journal of Business Venturing*, 2003, 18 (1): 105—123.

[5] Baker W. E. , "Market Networks and Corporate Behavior", *American Journal of Sociology*, 1990, 96 (3): 589—625.

[6] Baker W. E. , Obstfeld D. , "Social Capital by Design: Structures, Strategies, and Institutional Context", *Corporate Capital Liability*, 1999, 6:

32—46.

[7] Banerjee A. V. , "Contracting Constraints, Credit Markets and Eco-nomic Development", In Mathias Dewatripont, Lars Perter Hansen, Stephen J. Turnovsky, *Advance In Economics and Econometrics: Theory and Applica-tions*, New York: Cambridge University Press, 2002, (3): 1—46.

[8] Barney J. B. , "Strategic Factor Market: Expectation, Luck, and Business Strategy", *Management Science*, 1986, 32 (10): 1231—1241.

[9] Barney J. , "Firm Resources and Sustained Competitive Advantage", *Journal of Management*, 1991, 17 (3): 99—120.

[10] Besley T. , "Property Rights and Investment incentives: Theory and Evidence from Ghana", *Journal of Political Economy*, 1995, 103 (5): 903—937.

[11] Bianchi M. , "Credit Constraints, Entrepreneurial Talent, and E-conomic Development", *Small Business Economics*, 2010, 34 (1): 93—104.

[12] Bian Y. , "Bringing Strong Ties Back in: Indirect Ties Network Bridges, and Job Searches in China", *American Sociological Review*, 1997, 62 (3): 366—385.

[13] Birley S. , "The Role of Networks in the Entrepreneurial Process", *Journal of Business Venturing*, 1985, 1 (1): 107—117.

[14] Black S. E. , Stahan P. E. , "Entrepreneurship and Bank Credit A-vailability", *Journal of Finance*, 2002, 57 (6): 2807—2833.

[15] Bou – Wen Lin, Po – Chien Li, "Social Capital, Capabilities, and Entrepreneurial Strategies: A Study of Taiwanese High – tech New Ventures", *Technological Forecasting and Social Change*, 2006, 73 (2): 168—181.

[16] Brüderl J. , Preisendörfer P. , "Network Support and the Success of Newly Founded Business" , *Small Business Economics*, 1998, 10 (3): 213—225.

[17] Buera F. J. , "A Dynamic Model of Entrepreneurship with Borrow-ing Constraints: Theory and Evidence", *Annals Finance*, 2009, 5 (3—4): 443—464.

［18］ Burt R. S. , *Structural Holes*：*the Social Structure of Competition*, Harvard University Press, 1992.

［19］ Cagetti M. , De Nardi M. , "Entrepreneurship, Friction and Wealth", *Journal of Political Economy*, 2006, 114 （5）：835—870.

［20］ Carlsson B. , Stankiewicz R. , "On the Nature, Function and Composition of Technological Systems", *Journal of Evolutionary Economics*, 1991, 1 （2）：93—118.

［21］ Carroll C. D. , "Theory of the Consumption Function, with and without Liquidity Constraints", *Journal of Economic Perspectives*, 2001, 15 （3）：23—45.

［22］ Carter N. M. , Gartner W. B. , Reynolds P. D. , "Exploring Start – up Event Sequences", *Journal of Business Venturing*, 1996, 11 （3）：151—166.

［23］ Carter M. R. , Olinto P. , "Getting Institutions 'Right' for Whom? Credit Constraints and the Impact of Property Rights on the Quantity and Composition of Investment", *American Journal of Agricultural Economics*, 2003, 85 （1）：173—186.

［24］ Chandler G. N. , Hanks S. H. , "Market Attractiveness, Resource – Based Capabilities, Venture Strategies, and Venture Performance", *Journal of Business Venturing*, 1994, 9 （4）：331—349.

［25］ Charles K. K. , Hurst E. , "The Correlation of Wealth across Generations", *Journal of Political Economy*, 2003, 111 （6）：1155—1182.

［26］ Lewis V. L. , Churchill N. C. , "The Five Stages of Small Business Growth", *Harvard Business Review*, 1983, 61 （3）：30—50.

［27］ Cole A. H. , "Meso – economics：A Contribution from Entrepreneurial History", *Explorations in Entrepreneurial History*, 1968, 6 （1）：3—33.

［28］ Davies H. , Walters P. , "Emergent Patterns of Strategy, Environment and Performance in a Transition Economy", *Strategic Management Journal*, 2004, 25 （4）：347—364.

［29］ Djankov S. , Qian Y. , Roland G. , Zhuravskaya E. , "Entrepreneurship in China and Russia Compared", *Journal of the European Economic*

Association, 2006, 4 (2—3): 352—365.

[30] Dyer W. G., "The Family: the Missing Variable in Organizational Research", *Entrepreneurship Theory and Practice*, 2003, 27 (4): 401—416.

[31] Evans D. S., Jovanovic B., "An Estimated Model of Entrepreneurial Choice under Liquidity Constraints", *Journal of Political Economy*, 1989, 97 (4): 808—827.

[32] Fairlie R. W., Krashinsky H. A., "Liquidity Constraints, Household Wealth, and Entrepreneurship Revisited", *Review of Income and Wealth*, 2012, 58 (2): 279—306.

[33] Foti A., Vivarelli M., "An Econometric Test of the Self – Employment Model: The Case of Italy", *Small Business Economics*, 1994, 6 (2): 81—93.

[34] Galbraith J. R., "The Stages of Growth", *Journal of Business Strategy*, 1982, 3 (4): 70—79.

[35] Gilad B., Kaish S., Ronen J., "Information Search and Entrepreneurship: A Pilot Study", *Journal of Behavioral Economics*, 1989, 18 (3): 217—235.

[36] Grant R. M., "Porter's 'Competitive Advantage of Nations': An Assessment", *Strategic Management Journal*, 12 (7): 535—548.

[37] Greiner L. E., "Evolution and Revolution as Organizations grow", *Harvard Business Review*, 1972, 76 (3): 37—46.

[38] Greve A., Salaff J. W., "Social Networks and Entrepreneurship", *Entrepreneurship Theory and Practice*, 2003, 28 (1): 1—22.

[39] Guo C., Miller J. K., "Guanxi Dynamic and Entrepreneurial Firm Creation and Development in China", *Management and Organization Review*, 2010, 6 (2): 267—291.

[40] Hart D. M., *Entrepreneurship Policy: What it is and where it Came From*, The Emergence of Entrepreneurship Policy, London: Cambridge University Press, 2003, 3—19.

[41] Hansen E. L., "Entrepreneurial Networks and New Organization

Growth", *Entrepreneurship Theory and Practice*, 1995, 19 (4): 7—19.

[42] Hayek F. A. , "The Use of Knowledge in Society", *American Economic Review*, 1945, 35 (4): 519—530.

[43] Hayton J. C. , "Promoting Corporate Entrepreneurship through Human Resource Management Practices: A Review of Empirical Research", *Human Resource Management Review*, 2005, 15 (1): 21—41.

[44] Hills G. , Lumpkin G. T. , Singh R. P. , "Opportunity Recognition: Perceptions and Behaviors of Entrepreneurs", Frontiers of Entrepreneurship Research, Babson College, Wellesley, MA, 1997, 203—218.

[45] Hill C. W. L. , Jones G. R. , "Strategic Management Theory, An Integrated Approach", Houghton Mifflin Company, 1998.

[46] Holtz – Eakin D. , Joulfaian D. , Rosen H. S. , "Sticking it Out: Entrepreneurial Survival and Liquidity Constraints", *Journal of Political Economy*, 1994, 102 (1): 53—75.

[47] Hurst E. , Lusardi A. , "Liquidity Constraints, Household Wealth, and Entrepreneurship", *Journal of Political Economy*, 2004, 112 (2): 319—347.

[48] Ichak Adize, "Organizational Passages – Diagnosing and Treating Lifecycle Problems of Organizations", *Organizational Dynamics*, Summer, 1979, 3—25.

[49] Jan Inge, Jenssen Harold, F. Koenig, "The Effect of Social Networks on Resource Access and Business Start – ups", *European Planning Studies*, 2002, 10 (8): 1039—1046.

[50] Jian Z. , Zhang L. , Scott R. , "Self – employment with Chinese Characteristics: the Forgotten Engine of Rural China's Growth", *Contemporary Economic Policy*, 2006, 24 (3): 446—458.

[51] Johannisson B. , "Business Formation – A – Network Approach", *Scandinavian Journal of Management*, 1988, 4 (3—4): 83—99.

[52] Katz J. , Gartner W. B. , "Properties of Emerging Organizations", *Academy of Management Review*, 1988, 13 (3): 429—441.

[53] Keh H. T. , Foo M. D. , Lim B. C. , "Opportunity Evaluation Un-

der Risky Conditons: The Cognitive Processes of Entrepreneurs", *Entrepreneurship Theory and Practice*, 2002, 27 (2): 125—148.

[54] Klappera L., Laevena L., Rajan R., "Entry regulation as a Barrier to Entrepreneurship", *Journal of Financial Economics*, 2006, 82 (3): 591—629.

[55] Klepper S., "Industry Life Cycles", *Industrial and Corporate Change*, 1997, 82 (3): 6 (2): 145—182.

[56] Kirzner I. M., *Competition and Entrepreneurship*, *Chicago*: University Press, 1973.

[57] Knight Hyneman F., *Risk*, *Uncertainty and Profit*, Boston: Houghton Mifflin, 1921.

[58] Krueger N. F., Brazeal D. V., "Entrepreneurial Potential and Potential Entrepreneurs", *Entrepreneurship Theory and Practice*, 1994, 18 (6): 91—105.

[59] Krueger N. F., Reilly M. D., Carsrud A. L., "Competing Models of Entrepreneurial Intentions", *Journal of Business Venturing*, 2000, 15 (5—6): 411—432.

[60] Kuratko Donald F., Naffziger Douglas W., "An Examination of Owner's Goal's in Sustaining Entrepreneurship", *Small Business Management*, 1997, 35 (1): 24—33.

[61] Larson A., Starr J. A., "A Network Model of Organization Formation", *Entrepreneurship Theory and Practice*, 1993, 17 (2): 5—15.

[62] Lichtenstein B., Brush C. G., "How do 'Resource Bundles' Develop and Change in New Ventures? A Dynamic Model and Longitudinal Exploration", *Entrepreneurship Theory and Practice*, 2001, 25 (3): 37—58.

[63] Li H. Y., Zhang Y., "The Role of Managers' Political Networking and Functional Experience in New Venture Performance: Evidence from China's Transition Economy", *Strategic Management Journal*, 2007, 28 (8): 791—804.

[64] Li Y., Zhao Y., Tan J., Liu Y., "Moderating Effects of Entrepreneurial Orientation on Market Orientation - Performance Linkage", *Journal*

of Small Business Management, 2008, 46 (1): 113—133.

[65] Lundstrom A., Stevenson L., "Entrepreneurship Policy for the Future", Swedish Foundation for Small Business Research, Irwin, 2005, (1): 45.

[66] Luo Y., Huang Y., Wang S. L., "Guanxi and Organization Performance: A Meta – Analysis", *Management and Organization Review*, 2012, 8 (1): 139—172.

[67] Madhushree Nanda Agarwal, "Type of Entrepreneur, New Venture Strategy and the Performance of Software Startups", *Indian Institute of Management Calcutta*, 2004, 1—6.

[68] Magri S., Pico R., "The Rise of Risk – Based Pricing of Mortgage Interest Rates in Italy", *SSRN Electronic Journal*, 2011, 35 (5): 1277—1290.

[69] Malerba F., Nelson R., Orsenigo L., Winter S., "Competition and Industrial Policies in a 'History Friendly' Model of the Evolution of the Computer Industry", *International Journal of Industrial Organization*, 2001, 19 (5): 635—664.

[70] Malerba F., "Sectoral Systems of Innovation and Production", *Research Policy*, 2002, 31 (2): 247—264.

[71] Maurer I., Ebers M., "Dynamics of Social Capital and Their Performance Implications: Lessons from Biotechnology Start – Ups", *Administrative Science Quarterly*, 2006, 51 (2): 262—292.

[72] M. Piazzesi, Schneider M., Tuzel S., "Housing, Consumption, and Asset Pricing", *NBER Working Papers*, 2006, 83 (3): 531—570.

[73] Morris M. H., "Entrepreneurial Intensity: Sustainable Advantages for Individual, Organizations and Societies", Quorum Books, 1998: 17—45.

[74] Mosakowski E., Mckelvey B., "Predicting Rent Generation in Competence – Based Competition", in Heene A., Sanchez R. (eds.), *Competence – Based Strategic Management*, Chichester, John Wiley, 1997.

[75] Nees D. B., Greiner E., "Seeing Behind the Look – Alike Management Consultants", *Organizational Dynamics*, 1985, 13 (3): 68—79.

［76］ Newman A. , "Risk – Brearing and 'Knightian' Entrepreneurship", Mimeo, Columbia University, 1995.

［77］ Pandey J. , Tewary N. B. , "Business Performance: A Test of Path Analytic Model", *Journal of Applied Business Research*, 1979, 11 (4): 9—14.

［78］ Penrose E. T. , *The Theory of the Growth of the Firm*, New York: John Wiley, 1959.

［79］ Per Davidsson, "Culture, Structure and Regional Levels of Entrepreneurship", *Entrepreneurship and Regional Development*, 1995, 7 (7): 41—62.

［80］ Perry J. L. , "Bringing Society in: Toward a Theory of Public Service Motivation", *Journal of Public Administration Theory and Research*, 2000, 10 (2): 471—488.

［81］ Petersf M. A. , "The Cornerstones of Competitive Advantage: A Resource – Based View", *Strategic Management Journal*, 1993, 14 (3): 179—191.

［82］ Pierre – André Julien, Eric Andriambeloson, Charles Ramangalahy, "Networks, Weak Signals and Technological Innovations Among SMEs in the Land – Based Transportation Equipment Sector", *Entrepreneurship and Regional Development*, 2004, 16 (4): 251—269.

［83］ Pierre Bourdieu, Loic Wacquant, *Invitation to Reflrxive Sociology*, Chicago, University of Chicago Press, 1992.

［84］ Pissarides F. , Singer M. , Svejnar J. , "Objectives and Constraints of Entrepreneurs: Evidence from Small and Medium Size Enterprises in Russia and Bulgaria ", *Journal of Comparative Economics*, 2003, 31 (3): 503—531.

［85］ Portes A. , "Social Capital: Its Origins and Applications in Modern Sociology", *Annual Review of Sociology*, 1998, 24 (1): 1—24.

［86］ Ribichaud Y. , Egbert M. , Roger A. , "Toward the Development of a Measuring Instrument for Entrepreneurial motivation", *Journal of Developmental Entrepreneurship*, 2001, 6 (2): 189—201.

[87] Roy Thurik, "Entreprenomics: On Entrepreneurship, Economic Growth and Policy", in Z. J. Acs, D. B. Audretsch, R. Strom (eds.), *Entrepreneurship Growth and Public Policy*, Cambridge University Press, 2001.

[88] R. P. Rumelt, "How Much Does Industry Matter?", *Strategic Management Journal*, 1991, 12 (3): 167—185.

[89] Sarasvathy S. D., "Entrepreneurship as a Science of the Artificial", *Journal of Economic Psychology*, 2003, 24 (2): 203—220.

[90] Schumpeter J. A., "The Theory of Economic Development", Cambridge, Mass: Harvard University Press, 1934.

[91] Selznick P., *Leadership in Administration: A Sociological Interpretation*, New York: Free Press, 1957.

[92] Shane S., Venkataraman S., "The Promise of Entrepreneurship as a Field of Research", *Academy of Management Review*, 2000, 25 (1): 217—226.

[93] Shane S., "Prior Knowledge and the Discovery of Entrepreneurial Opportunities", *Organization Science*, 2000, 11 (4): 448—469.

[94] Shane S. A., *A General Theory of Entrepreneurship: The Individual - opportunity Nexus*, Edward Elgar Publishing, 2003.

[95] Shane S., Edwin A. L., Collins C. J., "Entrepreneurial Motivation", *Human Resource Management Review*, 2003, 13 (3): 257—289.

[96] Shapero A., Sokol L., "The Social Dimension of Entrepreneurship", in C. A. Kent, D. L. Sexton, Vesper, K. H. (eds.), *Encyclopedia of Entrepreneurship*, Englewood Cliffs, Prentice - Hall, 1982.

[97] Sheng S. K., Zhou K. Z., Li J., "The Effects of Business and Political Ties on Firm performance: Evidence from China", *Journal of Marketing*, 2011, 75 (1): 1—15.

[98] Sigrist B., "Entrepreneurial Opportunity Recognition", Annual UIC/AMA Symposium at Marketing/Entrepreneurship Conference, Sofia - Antipolis, France, 1999, (1): 1—36.

[99] Simon H. A., "From Substantive to Procedural Rationality", in Latis S. J. (ed.), *Method and Appraisal in Economics*, Cambridge University

Press, 1976, 129—148.

[100] Sirmon D. G., Hitt M. A., "Managing Resources: Linking U-nique Resources, Management and Wealth Creation in Family Firms", *Entrepreneurship Theory and Practice*, 2003, 27 (4): 339—358.

[101] Sirmon D. G., Ireland R. D., "Managing Firm Resources in Dynamic Environments to Create Value: Looking Inside the Black Box", *Academy of Management Review*, 2007, 32 (1): 273—292.

[102] Smith N. R., Miner J. B., "Type of Entrepreneur, Type of Firm, and Managerial Motivation: Implications for Organizational Life – Cycle Theory", *Strategic Management Journal*, 1983, 4 (4): 325—340.

[103] Stiglitz J. E., Weiss A., "Credit Rationing in Markets with Imperfect Information", *American Economic Review*, 1981, 71 (3): 393—410.

[104] Storey D. J., "New Firm Growth and Bank Financing", *Small Business Economics*, 1994, 6 (2): 139—150.

[105] Timmons J. A., "Charaeteristiesand Role Demands of Entrepreneurship", *American Journal of Small Business*, 1978, 3 (2): 5—17.

[106] Wang S. Y., "Credit Constraints, Job Mobility and Entrepreneurship: Evidence from a Property Reform in China", *Review of Economics and Statistics*, 2012, 94 (2): 532—551.

[107] Wang S., Z. Zhang, H. Liu., "Impact of Urban Economic Openness on Real Estate Prices: Evidence from Thirty – Five Cities in China", *China Economic Review*, 2011, 22 (1): 42—54.

[108] Wasson C. R., *Dynamic Competitive Strategy and Product Life Cycles*, Challenge Books.

[109] Wernerfelt, B., 1984, "A Resource – Based View of the Firm", *Strategic Management Journal*, 1974, 5 (1): 171—180.

[110] Yang M., *Gifts, Favors and Banquets: The Art of Social Relationship in China*, Ithaca, NY: Cornell University Press, 1994.

[111] Yiu D. W., Lau C. M., "Corporate Entrepreneurship as Resource Capital Configuration in Emerging Market Firms", *Entrepreneurship Theory and*

Practice, 2008, 32 (1): 37—57.

[112] Zhang J., Wong P. K., "Network vs. Market Methods in High - tech Venture Fundraising: The Impact of Institutional Environment", *Entrepreneurship and Regional Development*, 2008, 20 (5): 409—430.

致　谢

　　"致谢"二字写来虽易，提笔却重如千钧，数载求学之路，一直伴随着恩师、至亲和良友的支持与鼓励，心中的感激与感动难以言表。值此本书完成之际，谨向关怀和帮助过我的各位老师和同学表示衷心的感谢。

　　感谢我的博士生导师方行明教授，方老师是个一丝不苟、热爱生活、喜好运动的好老师。方老师的谆谆教诲让我受益良多，我一定会铭记终生。在本书即将付梓的时刻，我想认认真真、恭恭敬敬地对敬爱的恩师说一声：谢谢您！此外，还要感谢杨继瑞教授、姜凌教授、雷震教授、方峥副教授、马双副教授、蔡栋梁老师等，感谢你们在我博士求学期间，给予我的学术指导和帮助。

　　感谢在博士三年期间遇到的同学和朋友，包括：郑欢师姐、张安全师兄、刘朋师兄、冯诗杰师兄、温庭海、薛晓、游晋、郭丽丽、马良、魏静、何春丽、徐玉威、李中秋、黄海燕、温雪、何悦等，谢谢你们在我学习、生活和精神上给予的帮助和支持。

　　感谢中国社会科学出版社郭沂纹副总编辑和王莎莎编辑对本书出版过程中倾注的心血。特别是王莎莎编辑对本书认真细致的修改，才使得本书能够顺利出版。

　　感谢我的父母、弟弟、弟妹和我可爱的小侄子，是你们在我身后给予的巨大支撑让我能够安心地、踏实地在校学习和生活，在此衷心祝愿你们身体健康、永远快乐！

　　最后，要特别感谢我的爱人晏冰先生，多年来在我身边给予我帮助和支持，默默为我付出很多，使我能够安心于写作。他还对本论文进行了仔细的校对工作，在此表示深深的感谢！

2016 年 3 月于致知园